다문화가정 청소년의 미디어중독과 미디어교육

국립중앙도서관 출판시도서목록(CIP)

다문화가정 청소년의 미디어중독과 미디어교육 / 지은이:
최연. -- 서울 : 시간의물레, 2013
 p. ;   cm

참고문헌 수록
ISBN 978-89-6511-074-3 93330 : ₩12000

다문화 가족[多文化家族]

332.276-KDC5

306.845-DDC21   CIP2013020618

다문화가정 청소년의
미디어중독과 미디어교육

최 연 지음

시간의 물레

머리말

지금 한국사회는 결혼 이민자, 이주 노동자, 외국인 유학생 등을 포함하여 이주민 140만 명이 넘어서는 다문화사회로 들어서고 있다. 이들의 성공적인 한국사회 적응, 그리고 이들과 함께 살아갈 일반시민의 다문화의식 및 그들에 대한 따뜻한 환대는 조화로운 다문화 공동체 사회를 만드는 데 중요한 과제라 할 수 있다.

한국의 다문화사회는 개발도상국 출신의 이주여성과 농어촌 한국남성과의 결혼을 통한 다문화가정의 급증이 큰 역할을 차지하고 있다. 그리고 이들 사이에서 태어난 자녀들은 다른 환경과 문화를 가진 부모 사이에서 성장하게 된다. 다문화가정 자녀들은 사회, 문화적으로 다양한 층위를 구성하고 있는 특수한 존재로써 이들이 학교와 친구 그리고 미디어를 다양하게 접하는 청소년기에 접어들게 되면 자신들의 사회적 환경 그리고 개인의 자아감에 대해 많은 고민을 하기에 이른다. 그러나 한국 사회는 이들의 차이와 특성에 대한 고려보다는 적응과 통합에 초점이 맞춰져 있는 게 사실이다. 다문화 청소년들의 국내의 제도교육과 언어교육에 대한 적응과 치료에 초점이 맞쳐져 있고 심지어는 대인관계, 정서장애, 탈선, 약물중독의 위험에 노출된 채 사회적으로 문제를 일으킬 수 있는 잠재적 범죄자로 간주하기도 한다.

최근 다문화 청소년들은 성장기 동안 가족에게서 느껴야 하는 안정감 보다는 언어, 문화차이로 인한 부모들의 소통 부재의 모습을 자신의 환경으로 인식하고 있을 뿐 아니라 학교에서도 마찬가지로 의사소통의 어려움, 문화적 차이로 인한 고충을 겪고 있는 것으로 나타나고 있다. 그리고 위와 같은 가정적 불화와 언어적 문제, 경제적 사정, 그리고 또래 친구들과의 원만하지 못한 관계 등이 다문화가정 자녀들의 미디어 이용에까지 영향을 미치고 있다. 다문화가정 청소년들의 미디어중독은 많은 시간을 미디어 이용에 소비해서의 문제가 아니라 그들의 사회, 문화적 측면 그리고 정서적 측면까지도 고려해야 하는 심층적인 문제로 간주해야할 것이다.

다문화가정 청소년들의 미디어중독 현상은 기존의 예방, 치유교육에서 한걸음 더 나아가 청소년들의 사회, 문화적 측면까지 고려되어야 할 사안이라고 할 수 있다. 그리고 다문화가정 청소년들의 사회, 문화적 특수성과 더불어 정서적 측면의 이해가 충분히 선행됨과 동시에 올바른 미디어 이용까지 함께 포괄할 수 있는 교육이 강조되어야 할 것이다.

현재, 다문화사회와 관련된 많은 논의들이 진행되고 있으나 청소년들을 참여주체로 하는 미디어교육의 방안은 아직 논의가 부족한 실정이다. 장기적으로는 미디어중독이라는 부정적인 현상을 해소하기 위한 미디어교육 뿐 아니라, 이들이 가진 정체성을 보존하고 유지시켜 일방적인 동화주의, 동정적 시선을 극복하고 자신의 목소리를 낼 수 있는 능력까지 포함한 미디어교육이 필요할 것이다. 여기에는 미디어를 활용하여 사회에 적극적으로 참여하고 영상언어를 활용하여 자신의 의견을 내보일 수 있는 능력이 포함된다. 따라서 더 많은 교육과정과 실습 기자재가 요구되며, 다문화가정 청소년들이 한국 내에서 가지고 있는 위치, 미디어와 사회를 연관 지어 이해할 수 있는 높은 수준의 교육과정이 필요할 것이다.

본 연구는 미디어의 적극적인 이용에 앞서 미디어의 부정적인 사용을 우선적으로 해결해야 한다는 문제의식을 바탕으로 다문화가정 청소년들의 미디어중독과 관련된 현상과 원인, 해결방안을 제시하고자 한다. 본 연구에서 다문화가정 청소년들과 비다문화가정 청소년들에 대한 명확한 차이가 드러나지는 않았으나, 이들의 특수한 환경적 맥락을 고려하고 이와 관련된 다양한 요소들에 대해 의견을 수렴하여 그 의미를 파악하였다는 점은 향후 관련 연구에 대한 다양한 시각을 제공해 줄 것이다.

2013년 가을
최 연

CONTENTS

제 1 장

들어가는 말

과거 한국사회에서 외국인은 낯선 존재로 인식되어 왔다. 다른 피부색, 이질적인 문화 배경과 언어를 사용하는 외국인은 한국인과 어울릴 수 없는 동떨어진 객체일 뿐이었다. 미디어에서도 한국으로 귀화하거나 한국인과 결혼한 외국인들을 특별한 사례인 것처럼 다루어 왔다. 그러나 최근 한국 사회는 급격하게 변화하고 있다. 도시를 비롯한 작은 농어촌 마을에서도 쉽게 외국인과 혼혈인을 마주할 수 있게 되었다. 특히 참여정부 이후 다양한 인종을 포용하기 위한 정책적 대응이 빠르게 이루어졌고, 이 가운데에서 '다문화'라는 서구의 정책적 개념을 빌려와 적극 이용하였다. 미디어에서도 이주노동자나 이주여성을 다룬 프로그램들을 다양하게 제작해나가며 다문화 개념을 사회적 이슈로 만드는 데 동조해왔다(김세은·김수아, 2008). 더불어 학계에서도 서구의 다문화 이론을 빠르게 국내에 소개하면서 다문화에 대한 관심이 폭발적으로 증가하게 되었다.

서구의 다문화 담론은 이미 그 역사가 50여 년을 넘고 있다. 자발적, 혹은 강제적 이주를 통해 다양한 인종들이 뒤섞이게 되고 이러한 뒤섞임이 국가의 태동이 된 미국, 캐나다 호주 그리고 이주노동자 유입을 통해 다인종 사회를 맞게 된 유럽 국가들은 이러한 사회변화에 대응하기 위해 정책을 마련했다(김비환, 2007). 여기서 이들은 '다문화주의(Multiculturalism)'란 이론적 개념을 빌려 오게 되었고, 이후 다문화는 서구사회를 상징하는 주요한 기제로 자리매김 하였다.[1] 그러나 최근 서양 국

---

[1] 다문화주의는 여성, 노동자, 장애인, 동성애자 등 소수 집단의 권리에

가들이 다문화정책을 실패한 정책으로 단언하고 나선 가운데, 노르웨이에서 이민자 추방을 외치며 나타난 극우주의적인 행태는 현재 서구사회의 다문화주의가 처해 있는 현실을 반영하고 있다(최민영, 2011.8.15). 나아가 일부 학자들은 다문화주의에 대해 전 지구적 자본주의의 이데올로기이자 유럽과 북미 중심의 서구적 사상에 불과하다고 비판하면서 다문화의 현실성에 대한 적잖은 우려를 나타내고 있다(Žižek, 1999).

한편, 한국의 다문화사회는 개발도상국 출신의 이주여성과 농어촌 한국남성과의 결혼을 통한 다문화가정의 급증이 큰 역할을 차지하고 있다(이호준, 2010). 그리고 이들 사이에서 태어난 자녀들은 다른 환경과 문화를 가진 부모 사이에서 성장하게 된다. 다문화가정 자녀들은 법적으로는 한국 국적을 갖지만 사회, 문화적으로는 다양한 층위를 구성하고 있는 특수한 존재가 된다. 특히 이들이 학교와 친구 그리고 미디어를 다양하게 접하는 청소년기에 접어들게 되면 한국 사회 내 자신들의 사회적 환경 그리고 개인의 자아감에 대해 많은 고민을 하기에 이른다. 그러나 한국 사회는 이들의 차이와 특성에 대한 고려보다는 적응과 통합에 초점이 맞춰져 있는 게 사실이다. 실례로 다문화 청소년들의 국내의 제도교육과 언어교육에 대한 적

관한 운동이 기폭제가 되어 나타났다. 즉, 불리한 처우를 받으며 역사적으로 소외되었던 집단들의 정당한 정치적 권리와 함께하는 개념인 것이다. 그리고 서구국가들은 다인종, 문화 간의 정체성을 고려하며 인정하고자 하는 정책적 시도로서 위와 같은 다문화주의 개념을 사용하기 시작했다(Kymlicka, 2010).

응과 치료(장미영, 2009)에 초점이 맞춰져 있고 심지어는 대인관계, 정서장애, 탈선, 약물중독의 위험에 노출된 채 사회적으로 문제를 일으킬 수 있는 잠재적 범죄자로 간주하기도 한다(권오희, 2010). 이처럼 한국의 정책들은 서구 담론을 답습하면서 한국적 특수성을 간과한 채 적응과 통합에 치중한 실용적 정책에 집중하였다. 즉, 각 문화를 존중하고 고유한 가치를 인정하여 문화 간의 우월관계를 부정하는 것이 아니라 강한 문화가 약한 문화를 흡수하는 것을 목표로 하게 되는 것이다.

위와 같은 다문화주의의 비판적 성찰의 결여 및 정책적 방향의 오류는 결국 다문화사회 외형에 집중하기 보다는 다문화사회의 구성원들의 현실과 주체 내부의 고민이 함께 이뤄져야 함을 시사한다. 특히, 단순한 국적 문제에서 벗어나 인종, 문화적으로 복합적인 위치에 놓여 있는 다문화 청소년에 대한 현실적 고민이 보다 심층적으로 이뤄져야 할 것이다. 최근 다문화 청소년들은 성장기 동안 가족에게서 느껴야 하는 안정감보다는 언어, 문화 차이로 인한 부모들의 소통 부재의 모습을 자신의 환경으로 인식하고 있을 뿐 아니라 학교에서도 마찬가지로 의사소통의 어려움, 문화적 차이로 인한 고충을 겪고 있는 것으로 나타나고 있다(김교정·정규석, 2008). 그리고 최근 위와 같은 가정적 불화와 언어적 문제, 경제적 사정, 그리고 또래 친구들과의 원만하지 못한 관계 등이 다문화가정 자녀들의 미디어 이용에까지 영향을 미치고 있는 것으로 나타났다. 특히, 이들의 인터넷 중독률이 일반 가정 보다 3배 이상 높은 것은 주지해야 할 만한 대목이다(행정안전부, 2011). 즉, 다문화가정 청소년들이 겪는 소통의 부재와 사회적 주변화의 문제 그리고 이로 인해 겪게 되는 정서적 외로움 등이 인터넷 이용에까지 영향을 미치게 되는 것이다. 결국 다문화가정 청소년들의 미디어중독은 많은 시간을 미디어 이용에 소비해서의 문제가 아니라 그들의 사회, 문화적 측면 그리고 정서적 측면까지도 고려해야 하는 심층적인 문제로 남게 된다. 더군다나 현재 정부 차원에서 조사된 다문화가정 청소년들의 미디어중독은 인터넷이란 미디어에 한정되어 있지만 TV, 휴대폰 등의 미디어로 확장해서 살펴보면 중독의 범위와 상태도 보다 다양하게 나타날 것으로 예상된다.

위의 논의를 살펴보았을 때 다문화가정 청소년들의 미디어중독 현상은 기존의 예방, 치유교육에서 한걸음 더 나아가 청소년들의 사회, 문화적 측면까지 고려되어야 할 사안이라고 할 수 있다. 그리고 다문화가정 청소년들의 사회, 문화적 특수성과 더불어 정서적 측면의 이해가 충분히 선행됨과 동시에 올바른 미디어 이용까지 함께 포괄할 수 있는 교육이 강조되어야 할 것이다.

이 책은 흔히 다인종·다문화사회라 불리는 국내의 사회적, 학문적 분위기에 근거하여 다문화사회를 구성하고 있는 주체들의 위치는 어떠한가에 대한 고찰에서부터 출발한다. 그 중에서도 한국 국적을 지니고 있으나 인종, 문화적으로 그 경계를 가로지르고 있는 다문화가정의 청소년들은 이주자와는 또 다른 성격을 지니고 있는 주체인 것이 분명하다. 그러나 한국 사회에서는 다문화가정 청소년들의 특수성에 대해 긍정하는 작업이 미비하게 이뤄질 뿐만 아니라 오히려 차별과 소외에 초점이 맞춰져 있다. 그리고 이러한 현상은 현 사회에서 어떻게 다문화를 바라보고 있는가에 대한 문제와도 연결되어 있다.

따라서 여기서는 서구에서 시작된 다문화주의의 개념과 정치철학 및 정책적 관점에 대한 고찰로 시작하고자 한다. 그리고 위와 같은 구조적 논의 속에서 주체들의 정체성은 어떻게 부여되고 있는가에 대한 이론적 비판을 시도, 이후 국내에서는 관련 정책들이 어떻게 진행되고 있는지 면밀히 살펴보고자 한다. 그리고 다문화가정 청소년들의 현실과 문제에 대해 논의하고자 한다. 특히 이들의 미디어중독 현상이 다른 주체들에 비해 심각한 상태인 것을 감안, 사회적 문제와 연결하여 이를 위한 교육적 차원의 논의로 이끌어 나갈 것이다. 앞서 설명한 바와 같이 미디어중독에 대한 교육은 미디어의 과다한 이용에 대한 치유와 예방으로 끝날 것이 아니라 학습자들의 사회, 문화적 특수성과 더불어 정서적 측면까지 함께 고려되어야 할 필요가 있다. 이는 다문화교육 측면에서 일부 논의되고 있다.

우선 김선미·김영순(2008)은 다문화교육이란, 지식·정보 전달 교육이 아닌 타인의 감정을 의식하고 존중하며 소통하는 능력을 배양하는 교육임을 주장한다. 즉, 타인의 감정과 권리를 존중하는 능력과 다른 문화의 입장으로 감정·사고·가치관을 이해하는 능력배양이 교육의 목적이 되어야 한다는 것이다. 뱅크스(Banks, 2001) 역시 다문화교육은 소수자를 위한 복지 프로그램 이상을 의미하며 이주민이나 다문화가정의 꼬리표를 붙여 특별 대상을 삼는 식의 교육이 아닌 젠더, 인종, 계급에 따른 특성에 대해 섬세하게 반응할 수 있는 감수성 중심의 교육이 되어야 한다고 주장한다.

이러한 맥락에서 다문화가정 청소년의 미디어교육도 이들이 갖고 있는 차이의 특성을 생성, 긍정해 나갈 수 있는 방향으로 나아가야 한다. 특히 미디어중독 현상에 관련한 교육에서는 치유와 예방적 차원으로 끝날 것이 아니라 미디어 본연의 기능인 '소통'에 초점을 둔 미디어의 올바른 이해와 이용에 대한 교육이 우선시 되어야 할 것이다. 따라서 이 책의 저술 목적은 다문화가정 청소년 미디어교육을 통해 참여자들의 차이를 올바르게 인식하고 미디어 이용을 위한 방안을 모색하는 데에 있다. 이를 위해 다문화주의 담론과 정책에 대해 비판적으로 고찰한 후 이주와 혼종성의 논의를 넘어 국가와 인종의 경계를 넘는 다문화주체의 가능성을 새롭게 정립해 나갈 것이다. 그리고 위의 이론적 사유를 다문화가정 청소년의 미디어중독 현상에 대한 교육적 방안과 연결시켜 논의해 나갈 것이다. 나아가 다문화가정 청소년의 부모와 미디어교육 전문가, 다문화 전문가들의 심층인터뷰를 통해서 다문화가정 청소년 미디어교육의 방향과 대안적 가능성을 도출하고자 한다.

앞에서 밝힌 바와 같이, 본 연구의 목적은 다문화가정 청소년 미디어교육을 통해 참여자들의 차이를 올바르게 인식하고 미디어 이용을 위한 방안을 모색하는 데에 있다. 이러한 목적을 달성하기 위하여 이 논문의 내용은 다음과 같이 구성하였다.

우선 2장에서는 다문화주의와 다문화주체에 대한 이론적 논의를 고찰하였다. 이를 위해 다문화주의의 개념과 등장배경에 대해 살펴보았고 이런 다문화주의와 관련한 정치철학적 쟁점과 정책적 문제점들에 대해 비판하였다. 이와 더불어 다문화주체에 대한 기존의 논의를 살펴본 후 주체들을 새롭게 긍정할 수 있는 이론적 발판을 마련하였다. 나아가 한국의 다문화 사회에 대한 구조적 논의에 대해 비판하고 다문화주의를 새롭게 구성해 나갈 수 있는 가능성에 대해 주목하였다.

3장은 2장의 논의를 바탕으로 다문화가정 청소년의 미디어교육 방안에 대해 중점적으로 살펴보았다. 이를 위해 다문화가정 청소년의 현실과 문제를 살펴보고 특히 청소년들의 미디어중독 현상을 중심으로 연구하였다. 이와 함께 다문화가정 청소년 미디어교육의 현황과 쟁점을 검토한 후 다문화가정 청소년의 미디어중독 현상에 대한 미디어교육 방안을 모색하였다.

4장에서는 본 연구의 연구문제와 연구방법을 서술하였다. 우선 다문화가정 청소년의 미디어중독 현실을 탐색함과 올바른 미디어 이용을 위한 방안을 모색하기 위한 연구문제를 설정하였다. 그리고 연구문제를 해결해 나가기 위한 연구방법으로 FGI(Focus Group Interview)에 대해 기술하였고 연구 참여자

선정과 인터뷰 진행 과정에 대하여 기술하였다.

5장은 다문화가정 부모와 다문화 관련 전문가 및 미디어교육 전문가와의 집단심층인터뷰를 바탕으로 다문화가정 청소년 미디어교육의 방향과 대안적 가능성에 관한 결과를 정리하고 논의하였다.

마지막으로 6장 결론은 및 제언으로서 연구결과를 요약하고 의의를 밝힘과 동시에 본 연구가 지니는 한계점 및 제언을 정리하였다.

제 2 장

다문화주의 이론

제1절 다문화주의 역사

1. 다문화주의의 역사적 배경 및 개념

다문화주의란 "한 사회 안에 편재되어 있는 다양한 문화와 정체성을 고려하며 이를 인정하고 장려하는 공적인 시도"로 설명된다(Martiniello, 1997/2002, 93쪽). 물론 현재까지도 다문화주의에 대해 다양한 정의들이 논의되고 있다. 다문화주의에 대한 논의는 역사적으로 다인종 이민국가인 미국에서 가장 먼저 활발히 전개되어 나갔으며, 이어 소수인종 이민자들이 많이 살고 있는 영국, 뉴질랜드 등으로 퍼져 나갔고, 오늘날에는 아시아와 아프리카를 포함한 세계 각국으로 확산되고 있다(김성곤, 2002). 우선, 다문화주의 개념은 1970년대를 전후하여 본격적으로 사용된 것으로 알려져 있다. 1970년대는 포스트모더니즘이 전 세계적으로 영향력을 끼치던 시기로, 유럽 중심의 단일화된 문화에 대한 비판이 제기되던 시점이다. 포스트모더니즘은 모더니즘에 대한 비판적 반동으로 등장하여 대중문화에 대한 특별한 관심을 가지고, 다양하고 가변적이며 혼성적인 문화가 이 시대의 문화적 양식이라는 입장을 취한다(박이문, 2002). 이러한 다양성과 가변성에 대한 인식이 다문화주의에 크게 영향을 미치고 있다는 것이다. 이와 관련해 킴리카(Kymlicka, 2010/2010)는 다문화주의가 등장하게 된 직접적인 계기로 미국의 1960년대 시민권운동(civil rights movement)을 꼽고 있다. 당시의 미국은 유럽 중심의 고급문화만이 진정한 문화라고 생각했으며, 단일문화주의(monoculturalism)가 지배하던 시기였다. 단일문화주의란 19세기 서구에서 민족국가가 등장하면서 생겨난 사상으로, 민족주의의 문화적 측면이라고 하겠다. 이러한 미국의 단일문화주의에 맞서 등장한 것이 바로 마틴 루터 킹 목사를 중심으로 진행된 흑인들의 시민권운동인 것이다. 이와 더불어 1960년대 후반에는 여성의 권리와 사회 참여를 증진시키기 위한 광범위한 여권신장운동이 진행되었으며, 1970년대에는 인디언, 히스패닉, 아시아인 등 다양한 집단의 권리 운동이 일어나기 시작했다(이현송, 2006).

또한 1980~90년대는 주류문화에 반하는 소수자 운동과 다문화주의 운동이 정점에 이르렀던 시기로서 소수집단의 시민권 투쟁이 가장 활발히 일어났으며 사회의 각 영역에서 구체적인 실천 방안에 대한 고민과 다양한 형태의 소수자 권익 운동이 일어났다. 특별히 이 시기는 전 세계적으로 제3세계에서 선진국으로의 이주노동자들이 급격히 증가하는 시기이기도 하다. 이러한 현상은 기존의 미국 이외에도 영국과 독일 같은 유럽은 물론 한국과 일본 같은 아시아의 여러 나라에서 거의 동시다발적으로 이루어졌다. 이러한 국제적인 사회적 변동은 다문화주의에 대한 기존의 일반적인 논의를 뒤바꾸어 놓을 정도로 격동적인 것이었으며 나아가 다문화주의에 대한 일반적 정의가 이주자들에게 국한되던 것에서 이주노동자까지 아우르는 광범위한 성격으로 전이된다. 이에 부응하고자 세계 각국의 정책 당국은 소수자 그룹의 정체성을 담보해주는 이민자 정책으로의 전환을 점차적으로 시도하게 되었다(양영자, 2008).

다문화주의는 50여 년에 이르는 짧은 역사에도 불구하고 세계적으로 주요한 이슈가 되었으며, 이후 다양한 학문 분야에서 다문화주의의 개념을 정립하고자 하는 논의들이 진행되었다. 우선, 캐나다의 철학자 트로퍼(Troper, 1999)의 정의에 따르면 다문화주의란, 첫째, 인종, 민족, 문화적으로 다원화되어 있어야 하며, 둘째, 사회문화적 다양성을 긍정적으로 인식하고 가치 있게 여기고 존중하려는 사회적 이념 체계를 갖추고 있어야 한다. 셋째, 사회문화적 다양성을 보호하고 인종, 민족, 국적에 따른 차별과 배제 없이 모든 개인이 평등한 기회에 접할 수 있도록 보장하는 정부의 정책과 프로그램을 갖추고 있어야 한다고 주장했다.

킴리카(Kymlicka, 2001)는 한 사회의 소수자들도 자신의 문화를 통하여 자유의지를 가진 존재가 될 수 있고, 그런 개인들의 참여를 통한 시민의 능동성을 발휘할 수 있다고 믿는 것이라고 보았다. 즉, 그는 다문화주의를 한 국가 내에서 소수자들의 문화를 존중하고자 하는 개념으로 정의한 것이다. 인글리스(Inglis, 1996)는 다문화주의를 인종, 민족, 문화적으로 다원화된 인구학적 현상으로 보는 인구—기술적(demo-graphiC-descriptive)관점, 사회문화적 다양성을 긍정적으로 인식하고 가치 있게 여기고 존중하려는 사회적 이념인 이념—규범적(ideological-normative) 관점, 사회문화적 다양성을 보호하고 인종, 민족, 국적에 따른 차별과 배제 없이 모든 개인이 공평한 기회를 접할 수 있도록 보장하는 정부의 정책과 프로그램인 프로그램—정책적(programme-political) 관점으로 분류, 정의하고 있다. 다문화주의는 윤리적인 측면에서 특수한 문화적 집단에 대한 인류의 태도의 문제를 규율할 뿐 아니라, 정치적인 의미에서 통치의 한 관점이기도 하며 아울러 법, 교육, 행정 등 정책의 구상 및 실행의 원리로서 작동하기도 한다.

특히 오늘날의 다문화주의는 국가나 인종, 민족 등의 거시적인 차원에만 국한되는 것이 아니라 사회 내의 소외계층이나 소수인종 또는 세대 간 갈등과 성 역할 차이 등의 미시적 문제를 포함하는 매우 광범위한 주제이다(구견서, 2003). 물론, 이러한 다문화주의에 우려의 목소리도 적지 않다. 특히 최근에 유럽 국가에서 일어난 일례의 사건들이 바로 다문화주의 한계를 드러낸 것이라 비판하기도 한다. 이는 "다문화주의 용어 자체가 관찰대상이 아닌 현실을 지칭하는 것이며 사회적, 정치적, 철학적 답변과 함께 실천적 지형으로 연결되는 복합적 충위"임을 시사한다(Martiniello, 1997/2002, 89쪽). 따라서 다문화주의를 단편적으로 해석해서는 안 되며 다층적 측면, 복합적 관점에서 이해되어야 한다. 그럼에도 본 연구에서는 정치철학적 쟁점을 집중적으로 살펴보고 이에 따른 각 국가의 다문화 정책의 사례들을 비판적으로 검토해 나가고자 한다.

2. 다문화주의에 관한 정치철학적 쟁점

1) 동화를 위한 보수적 다문화주의

세계적으로 다문화주의에 대한 담론이나 학문적으로나 사회적으로 큰 이슈화되기 시작된 때는 1990년대 초반으로 인정되고 있다. 특히 이 시기는 한국을 비롯한 여러 국가에서 자국의 노동부족을 해결하기 위해 외국인 노동자들을 본격적으로 유입하기 시작한 시기와 맞물려 있다. 한국의 경우, 이주 노동자, 이주여성, 탈북 새터민은 물론 동성애, 혼혈인들을 광범위하게 포함하는 사회적 소수자들을 이 다문화주의의 관점에서 다루려는 정치철학적 관점들이 이때부터 본격화되었다고 본다 (최무현, 2008). 이런 정치철학적 관점들은 일반적으로 소수인종이나 사회적 소수자들이 자신들의 정체성이나 민족적 고유성을 포기하거나 다수의 문화에 동화되도록 강요하는 동화주의 (assimilation)에 대한 반동으로 나타난다는 특징을 가지고 있다. 이런 쟁점들은 대체적으로 다음과 같은 형태로 나타났거나 나타날 가능성이 있다.

동화를 위한 보수적 다문화주의는 이민자 또는 소수 인종이 거주국 또는 다수 인종의 사회 및 문화를 닮아가는 과정을 설명할 때 주로 사용되는데, 흔히 이런 보수적 다문화주의는 동화론(assimilation theory)을 이론적 도구로 하여 설명될 때가 많다. 여기서 동화란 개인이나 집단이 다른 문화를 지니는 개인이나 집단으로부터 그 문화를 받아들여 공통문화를 가지게 되는 과정을 말한다. 시카고대학 사회학자들은 위의 동화 개념을 바탕으로 1900년대 초반 남유럽 및 동유럽 이민자들이 미국으로 이주하여 적응하는 과정을 설명하는 이론으로서 동화론을 발전시켰다(최무현, 2008).

파크와 버제스(Park & Burgess, 1969)에 의해 제시된 동화이론은 사회적 동화를 어떤 개인과 집단이 다른 개인과 집단의 기억(memories), 감정(sentiments) 및 태도(attitudes)를 습득하고 그들의 경험과 역사를 공유함으로써 공통된 문화생활 속에 통합되고 융합되어 가는 과정이라고 정의하고 있다. 그들은 미국의 이민자들이 미국 주류사회에 동화되는 과정을 접촉(contact), 경쟁(competition), 수용(accommodation), 동화(assimilation)의 4단계로 설명하고 이러한 단계적 진행과정이 "전진적이고 돌이킬 수 없는(progressive and irreversible)" 것으로 파악했다(윤인진, 2004, 28쪽). 첫 접촉 단계에서는 서로 다른 인종이나 민족끼리 동일한 시·공간에서 접촉을 갖게 되는 것을 의미하며, 두 번째 경쟁 단계는 유한한 자원을 선점하려고 하는 가운데 서로 다른 인종이나 민족 간에 경쟁이 일어남을 말한다. 세 번째 수용 단계에서는 접촉과 경쟁의 단계를 지나서 상대와 공존의 방식을 모색하기 시작한다. 이 수용과 적응의 단계가 성숙해지면 동화의 단계로 진입된다고 하였다(윤인진, 2004).

고든(Gordon, 1964)은 파크의 단계적 동화이론을 7단계의 동화론으로 보다 정교하게 재구분하였다. 고든이 제시한 7단계 동화론은 문화적 동화 → 구조적 동화 → 혼인적 동화 → 정체적 동화 → 태도 수용적 동화 → 행동 수용적 동화 → 시민적 동화로 나눠진다. 고든의 7단계에서는 구조적 동화를 가장 핵심으로 보았으며 이 단계를 거치게 되면 이후의 단계를 큰 문제없이 진행된다고 보았다. 구조적 동화과정에는 정착사회의 제도와 조직에 참여하고 다수 집단성원들과 친분관계를 맺는 것 등을 포함하고 있다. 그리고 정착사회의 정식구성원으로서 차별대우를 받지 않고 다수집단 성원들과 친밀한 1차적 관계를 맺게 되면 적응은 성공적으로 진행되었다고 볼 수 있다. 마지막 단계로서 새로운 사회에 소속감을 갖게 되어 사회의 다른 구성원들과 태도적 일체감을 갖는 것이 적응의 완성단계라고 하였다(이종우, 2008).

이러한 보수적 동화론에는 거주국의 이민정책이 크게 작용한다. 자민족 중심주의 정책 하에서는 이민자와 소수집단 간의 차별과 배제로 인해 사회적응이 성공적으로 이루어지기 어렵다. 또한 이런 보수성에는 이민자들이 주류 사회에서 생존하기 위해서는 자신들의 문화적 배경을 저버려야 한다는 비문화적 태도를 담고 있어서 소수민족집단의 전통문화와 민족정체성을 상실하기 쉽다. 이런 배경 하에서는 거주국 주류사회 문화로의 동화는 급속히 일어나게 된다. 즉, 파크와 버제스

(Park & burgess, 1969) 등 이른바 시카고 도시사회학파의 이론이 이민자와 소수 민족들이 미국의 주류 사회의 완전한 성원이 되기 위해서는 우선 백인—앵글로색슨—개신교도들의 언어, 가치관, 행동양식, 생활양식을 수용해야 한다고 주장한 점을 감안하면 이 사실이 더욱 명백해진다(윤인진, 2004).

동화를 위한 보수적 다문화주의는 주류문화를 통한 사회통합을 목표로 하여 이민자가 출신국의 언어와 문화, 사회적 특성을 완전히 포기하여 주류사회의 구성원들과 차이가 없게 되는 것을 이상으로 삼는 경향을 갖는다(설동훈, 2000). 결국 한 국가 내에 공존하는 주류문화와 비주류문화 중에서 주류문화를 통한 사회 통합을 그 목표로 하는 것이며, 소수인종, 이민자, 외국인 노동자 집단이 이주한 지역의 주류문화에 동화되는 것을 정책적으로 추진한다. 이 때 동화에 대한 선택은 개인의 문제로 치부된다. 따라서 국가는 이들 소수에게 사회 적응을 위한 정책을 제시하지 않는다. 물론 소수 다문화 이주자들에게 그들 나름의 문화를 포기할 것도 강요하지 않는다. 이것은 소수 인종이 언젠가는 다수를 점하는 주류문화 속으로 융화될 것이라는 예측을 가지고 있기 때문에 가능한 것이다(한승준, 2008).

결국 동화주의란 소수 다문화 구성원들이 다수 집단이라는 커다란 사회 속으로 융해되는 것을 의미하며, 이 과정에서 문화적·사회적 적응을 목표로 하기 때문에 소수의 다문화 이주자들은 자신의 정체성을 잃게 되고, 사회의 주류에 의해 정의

된 다수문화에 적합한 형태로 융해되어 가는 것이다. 동화주
의를 채택한 국가에서는 비교적 쉽게 이민을 받아들이지만, 출
신국의 고유문화를 탈피해 문화적으로 적응해야 함을 강조하
고 있다. 이러한 보수적 다문화주의 아래서의 국가정책은 문
화적 적응과 정체성의 전이가 용이하도록 지원하지만, 소수 문
화 고유의 전통을 지키기 위한 법적, 제도적, 재정적 지원은
미비하다. 결국 이민자는 주류사회의 용광로에서 출신국가의
고유성을 잃고 단일한 성격의 국민으로 용해되기에 이른다.
과거의 미국, 현재 프랑스의 다문화정책이 대표적 사례로 거론
된다.

2) 인정을 위한 자유주의적 다문화주의

다문화주의를 자유주의적 입장에서 해석할 때 이 '인정
(recognition)'2)이라는 어휘를 사용하게 되는 가장 큰 이유는 어
느 다수의 집단에 소속된 소수 집단이 비록 경제적·정치적으
로 그 거주국 사회에 통합되어 있더라도 문화적으로는 그들의
정체성을 보장해 줄 가능성을 제기해 주기 때문이다. 이러한
다문화주의의 입장은 다분히 문화적 다원론(pluralism)에 입각해
있는데, 이를 다른 말로 표현하면 언어, 종교, 관습, 식품 등과
같은 소수 이민 집단 고유의 문화적 전통이 거주국 주류 사회의

---

2) 테일러는 인정은 인간의 중요한 욕망 중 하나이며 나와 타자와의 관
계를 통해 서로가 동일 존재임을 자각하는 동시에 모든 개인은 평등
하다는 보편성을 인정하게 되는 개념이라 설명한다(Taylor, 1994).

문화로부터도 인정받고 보호받는 양상을 띠게 된다는 이론이다. 즉, 거주국 사회와 이민자 사회가 서로의 문화적 정체성을 존중해주는 것이 다원론적 입장인 것이다. 일찍이 아브람슨(Abramson, 1980)은 이 다원론적 입장을 "지속적인 민족적 차이와 이질성(sustained-ethnic differentiation and continued heterogeneity)을 발생시키는 조건"(150쪽)으로 정의한 바 있다.

다원론에 입각한 자유주의적 다문화주의는 여러 차원의 다원론으로 구분되고 있다. 우선 크게는 문화적 다원론(cultural pluralism)과 구조적 다원론(structural pluralism)의 두 가지 영역으로 구분된다. 여기서 문화적 다원론은 하나의 경제적·정치적 체계 내에 두 개 이상의 별개의 문화가 조화롭게 공존하는 것을 의미하는 것이며, 구조적 다원론은 인종적·민족적으로 다른 두 개 이상의 문화가 자신만의 지리적으로 분리된 공동체를 형성하고 공존하는 것을 의미한다. 마져(Marger, 1994)는 이러한 다원론을 다시 평등적 다원론과 불평등적 다원론으로 구분하였다. 평등적 다원론에서는 인종적·민족적 집단들이 문화적·구조적 자치권과 더불어 정치적·경제적 측면에서도 평등한 위치를 차지하고 있음을 의미한다. 평등적 다원론은 문화적 다원론과 조합주의적 다원론으로 구분된다. 문화적 다원론은 한 집단이 자발적으로 자신들의 문화적 정체성을 유지하는 것을 의미하며, 조합주의적 다원론은 "인종적·민족적 집단 간의 문화적·구조적 차이가 상호적인 정치적 권위에 의해 인정되는 경우"를 의미한다(윤인진, 2004, 32쪽). 여기서 각 집단은 자신만의 언어와 영토를 보유하고 한 국가 내에서 하나의 하위국가(sub-nation)를 형성할 정도이며 각 집단은 사회의 보상체계에서 거의 균등한 수준의 몫을 분배받게 된다. 한편 불평등적 다원론에서는 지배집단과 소수집단이 문화적·구조적으로 분리된 가운데 양 집단 간 사회적 관계에 있어 극단적인 양극화가 일어나며 고도의 선입견과 차별이 일상화되는 특성을 나타낸다.

자유주의적 다문화주의는 보다 관용적인 성향을 띠고 있는 것으로 분석되었다. 보수적 다문화주의와는 다르게 사적 영역에서 다양성이 충분히 보장되었다. 예로 이민자들에게 자신들의 인종문화적 유산의 다양한 측면을 허용하고 또 사실상 이를 권장하는 것이었다. 이민자들이 음식, 언어, 종교에 관한 풍속의 일부를 자유로이 유지하고 또 서로 교류가 가능하도록 인정하였다(Kymlicka, 2010/2010, 28쪽). 이러한 자유주의적 다문화 분위기는 소수자그룹을 주류사회의 정체성에 통합하려는 것과는 분명히 거리가 있어 보이며 따라서 새로운 모형의 국민성의 형성으로 이어질 가능성을 내포한다. 위에서 고찰한 동화를 위한 보수적 다문화주의 아래서의 국가는 다소 수동적인 방관자로 보일 정도로 다문화정책에 소극적이지만, 이해를 위한 자유주의적 다문화주의의 정부 정책은 중립과 자유방임을 내세우나 사적 영역에서는 소수자 그룹의 다양성 보장 및 공적인 영역에서의 적극적인 중재자 역할을 한다는 점에서 큰 차이를 보인다.

결론적으로 이해를 위한 자유주의적 다문화주의는 각기 다른 집단의 문화와 언어, 이교도 집단의 정체성을 인정함으로써 사회분열과 갈등을 예방하려는 정책이며 다양성에 바탕을 둔 국민통합 정책이라고 말할 수 있다. 이런 이유로 하여 이 자유주의적 다문화주의를 '샐러드 그릇(salad bowl)'에 비유할 수 있다. 샐러드 그릇 안에는 각종 채소와 과일들이 하나의 드레싱에 의해 골고루 혼합되어 있으면서도 각기 고유의 풍미를 잃지 않는다는 점에서 자유주의적 다문화주의의 성격을 잘 비유하고 있다고 보인다. 또한 이외에도 특정한 이민자 그룹들이 출신국에 따른 특성을 간직하면서 전체 사회를 조화롭게 구성한다는 의미에서 '종족적 모자이크(ethnic mosaic)'로 불리기도 하며, 무지개가 서로 다른 색들의 수평적 공존을 통해 아름다운 조화를 만들어내는 것을 빗대어 '무지개 연합(rainbow coalition)'으로 표현되기도 한다(이용승, 2003). 단지, 여기서 한 가지 잊어서는 안 될 것은 이런 자유주의적 접근방법은 사회통합을 위해 소수자 집단의 문화적 특성을 인정하기는 하지만 시민생활과 공공생활에 있어서는 이를 인정하지 않고 여전히 주류사회의 문화와 언어 그리고 사회적 관습에 순응할 것을 요구한다는 것이다. 결국, 자유주의적 다문화주의는 표피적으로는 한 사회 내의 다양한 문화를 인정하지만 그 안에는 위계적 시스템이 공고하게 작동하는 한계를 지닐 뿐이다.

그러나 자유주의적 다문화주의의 태도는 서로의 문화를 이해하기 보다는 이질적 존재에 대한 인정과 관조 수준으로 머무르고 있다는 것이 큰 오류로 지적된다. 즉, 서로의 이해가 배제되고 이질적 존재의 인식을 통해 사회를 구성한다는 것은 사회의 소통과 상호작용에 대해서는 전혀 주목하지 않는 것이다. 위의 정치이념의 오류는 결국 소수집단의 게토화라는 사회적 문제를 낳게 된다. 실례로 샐러드 그릇이나 종족적 모자이크를 표방하는 국가에서 나타난 이슬람 청년들과 흑인들의 폭동 사건 등이 대표적이라 할 수 있다(박구용·정용환, 2007). 자유주의적 다문화주의는 다른 집단의 문화와 언어 정체성을 인정하는 선에 머무를 뿐 이해와 소통에 대해서는 다소 소극적인 경향을 보이게 된다. 결국 위 정치이념은 소수자 집단의 언어, 문화적 특성을 인정은 하나 시민생활과 공공생활에 있어서는 주류사회에 통합을 권장할 뿐인 것이다. 즉, 자유주의적 다문화주의는 표피적으로 한 사회의 다양한 문화를 인정하지만 그 안에서는 국가의 통합을 위한 위계적 시스템이 공고하게 작동하는 한계점을 지니게 되면서 결과적으로는 동화주의와 크게 차이가 없음을 드러낸다.

3) 차이를 위한 진보적 다문화주의

차이는 앞서 자유주의적 다문화주의를 설명하는 과정에서도 여러 번 언급되었다. 바로 차이로 인하여 주류 문화뿐 아니라 다양한 문화가 공존하는 가운데 집단 간 상호 존중의 질서가 자리 잡게 되고 궁극적으로 소수민족의 공존이 자리 잡게 된다(설동훈, 2000). 하지만 진보적 다문화주의에서 말하는 차이의 개념은 위에 언급된 자유주의적 다문화주의에서 말하는 인종, 문화적 차이와는 분명한 거리를 두고 있다.

우선, 차이의 개념은 프랑스의 철학자 들뢰즈(Deleuze)가 적극적으로 창출해내고 있다. 들뢰즈는 동일성의 하위개념으로 그려지는 아리스토텔레스의 차이의 개념과 긍정(정)과 부정(반)의 대립을 통해 차이를 포착하고자 한 헤겔의 개념과는 분명한 거리를 둔다(이진경, 1994). 그리고 근본적인 차이의 개념, '차이 그 자체'로의 존재론적이고 긍정적인 접근을 시작한다. 여기서 양자택일은 거부된다. 양자택일의 한 쪽에는 규정되지 않은 것, 제한되고 차별되고 무관심한 것이 있다. 이는 부정을 함축하고 있는 차이일 뿐이다. 따라서 차이의 철학은 "모든 규정은 부정"이란 명제를 거부해야만 한다(Deleuze, 1968/ 2004, 136쪽). 들뢰즈는 모든 본성은 긍정적이며 무제한적이고 비결정적인 존재라 이야기한다. 이런 의미에서 차이는 정체되어 있는 것이 아니라 무언가를 생성해 나갈 수 있는 역동적인 그 무엇이 된다. 수많은 의미와 가능성을 내포하고 있는 존재인 것이다. 그리고 이러한 차이에 대한 긍정은 바로 주체, 나 자신의 존재 안에서 이뤄진다고 설명한다(서동욱, 2007). 즉, 차이를 긍정하는 것은 나와 타자의 차이를 인정하는 차원을 넘어서 자아 스스로를 차이화 시켜나가는 과정으로 해석가능하다. 따라서 차이를 생성해 나가는 것은 바로 나 자신, 주체로부터 시작된다. 그리고 이 주체는 사회적 질서를 바탕으로 하는 근대적 인간상이 아닌 주변화 되어 있던 개인들이다.

들뢰즈·가타리(Deleuze & Guattari, 1980/2001)는 위와 같은 주변

화된 개인들의 권리에 주목, 이들을 소수자(minorité)라 지칭한다. 소수자는 많고 적음의 수적인 기준이 아닌 서구 근대 사회의 남성 부르주아적 잣대에 의해 계급, 성별, 직업, 나이 등으로 이분법화 되어가는 차원으로 이해된다. 이를테면 장애인, 여성, 이주노동자, 이주여성, 노숙자, 동성애자 등으로 구분된다(전영평, 2007). 그러나 현 사회에서 이들의 위치는 사회적 약자, 주변인으로 치부되고 있다. 이러한 개념에 의한 소수자들은 사회에 편입되지 못하고 늘 다수자에게 도움을 받고 살아야 하는 시혜적 객체로 그려질 뿐이다. 그러나 들뢰즈·가타리에게 소수자는 욕망적 존재, 주체적 존재로 그려진다. 그리고 이러한 소수성의 주목은 다수성에 의해 굳어진 구조와 권력의 관점에서 벗어나 분자적 혁명으로 이어나갈 가능성을 내포하게 된다(윤수종, 2008). 여기서 분자적 혁명은 자아에 대한 정체성을 새롭게 변화시켜 나감과 동시에 획일화된 질서로 고정되어 있는 다수성의 구조에 미시적 균열을 내는 과정으로 해석된다. 들뢰즈·가타리는 위의 맥락을 통해 다수자와 소수자로 나누게 되는데 이때 다수자는 남성—백인—어른—부르주아—비장애인—이성애자—국민과 같이 권력적 질서에 의해 만들어진 경직된 선으로 그려진다. 반면 소수자는 여성—흑인—어린이—부랑자—장애인—동성애자—이주자라는 유연한 선을 통해 고정된 사회의 경계를 넘나드는 주체가 된다(강진숙·배민영, 2010).

들뢰즈·가타리는 여기서 한 걸음 더 나아가 '소수자—되기'를 강조한다. 여기서 —되기(becoming)는 차이 그 자체로 머무는 것이 아니라 차이를 가르는 실천적 활동을 의미한다. 이는 고정되어 있는 틀에서 벗어나 편견 없는 접속과 교류를 통해 새로운 생성으로서 차이를 발생시키는 과정이다. 따라서 "-되기는 결코 상호 간의 대응이 아니며 그렇다고 해서 유사성도, 모방도, 동일화도 아니다."(Deleuze & Guattari, 1980/2001, 452쪽) -되기는 기존의 구조 안에서 지배적인 것, 고정된 것에서 벗어나 나와 다른 주체, 낯선 환경과의 접속을 통해 새로운 것을 만들어 내는 생성의 과정이다. 즉, 소수자 되기는 소수자가 되는 것이 아니라 소수자와 다수자 간의 접속을 통해서 함께 소수성을 획득해 나가는 과정을 의미하게 되는 것이다. 즉, -되기는 소수자만의 전유물이 아니라 다수자도 함께 이 생성의 과정에 참여해야 하는 것이다. "백인이건 황인종이건 아니면 흑인이건 인종을 불문하고 우리는 모두 비(非) 백인이 되어야 하는 것이다."(Deleuze & Guattari, 1980/2001, 899쪽)

이러한 논리를 다문화주의에 적용하게 된다면 단순히 피부색과 문화적 차이에 국한되어 있던 기존의 담론을 뛰어넘는 동시에 각 소수자들의 주체성의 변화를 찾아낼 수 있는 원동력이 된다. 즉, 지배적 다수자의 헤게모니와 배타적인 동일성에 균열을 일으키면서 기존의 위계적 질서를 변형시킬 수 있는 가능성을 획득하게 되는 것이다. 그러나 위와 같은 차이를 위한 진보적 다문화주의의 전개가 쉬운 것은 아니며 현실적인 부분에서 많이 부딪히게 된다. 소수자의 문제는 늘 잠재적인 것으로 간주될 뿐 현실적, 규범적 차원에서의 노력은 보장되기가 힘들다. 그럼에도 불구하고 본 논문에서 차이와 소수자—되기에 중점을 두는 것은 백인, 부르주아, 국가 중심적 질서에서 늘 열등하고 결핍된 객체로 낙인 되었던 소수자들이 새로운 정치적 공간과 가능성을 만들어 나갈 잠재적 주체이기 때문이다. 실제로 이주노동자들의 노동권과 인권을 획득해 나가는 과정, 이주여성들이 시민권을 획득해 나가는 과정들은 소수자들의 차이 획득과 —되기 과정을 통해 새로운 공간을 만듦과 동시에 대안적 공동체를 구성하는 일련의 과정을 대표한다 (윤수종, 2005).

이러한 차이의 의미는 다문화주의에 있어서도 단순히 피부색과 문화적 차이에 국한되어 있던 기존의 담론을 뛰어넘는 동시에 각 소수자들의 주체성의 변화를 찾아낼 수 있는 원동력이 된다. 즉, 소수자들을 위한 다문화주의는 다수 속에서 소수의 특수한 권리를 인정하고 이들의 주체성을 긍정하는 차원의 담론으로 이해 가능하다. 나아가 다문화 이주자들의 자존감을 높여 주류사회에 대한 적응력을 높이고 의욕을 유발할 수 있다. 즉, 다문화주의가 사회전반에 퍼진 국가의 다문화 정책의 특성은 이주자 및 그 문화에 대한 차별을 금지하고, 피차별자가 경쟁상 불리한 점을 인정하고, 재정적 법적 원조를 인정한다는 점에 있다(홍기원, 2007). 여기에는 기회평등의 보장을 비롯하여 결과의 평등까지 보장하는 것을 내포한다. 그렇기 때문에 정부의 역할은 아주 능동적이며 적극적이다. 즉, 불리한 입장에 처해 있는 소수 다문화 이주자에 대한 각종 원조나

우대 조치 등의 정책을 형성 추진하기 위해 각국 정부는 상당한 관심과 많은 노력을 기울이는 경향을 가질 수 있다는 것이다.

이 차이를 위한 진보적 다문화주의의 최종적인 목표는 소수자 그룹이 감수했을 역사적 차별성을 교정하고, 한 국가 내에 존재하는 다양한 문화집단 사이의 평등성을 만들어내는 데에 있다. 즉, 이 다문화주의 아래서의 다양한 정책적 배려를 통해 마이너리티 커뮤니티의 고유한 문화집단성이 그 사회 내에서 영속적으로 생명력을 이어갈 수 있다는 것이다(이용승, 2010). 대표적으로 거론될 수 있는 정책적 배려가 바로 차별을 수시로 시정할 수 있는 방편의 제도화, 이중 언어 혹은 다 언어주의의 채택, 그리고 공교육 체제 내에 다문화적 커리큘럼을 설치하는 것과 소수자들의 목소리를 대변할 수 있는 정치적 그룹의 허용 등이 바로 그것이다. 이런 정책적 배려는 사실상 정책의 결정 내지 시행과정에서 상당한 국가의 역할이 전제가 되어야 한다. 즉 국가는 중립적인 태도를 지양하고 다양한 그룹들을 적극적으로 중재할 수 있는 관여자의 역할을 감당해야 하며, 소수자그룹의 대표자들과 적극적인 협상을 통해 그들의 주요한 가치를 배려할 뿐 아니라 그들의 인적, 문화적 자원을 사회 내에 배분함으로써 진정한 다문화의 가치를 구현할 수 있어야 한다는 것이다.

차이를 위한 진보적 다문화주의는 국민국가의 통합을 강조하는 기존의 동화주의와 다원주의와는 그 성격을 달리한다. 진보적 다문화주의는 소수자들 개인의 권리를 격상시킬 뿐 아니라 이들이 만들어내는 차이를 통한 다른 사회의 출현을 가능하게 한다. 즉, 국가/국민의 경계에서 벗어나 소수자들의 인권의 급진화를 사고하는 기제인 것이다. 이런 의식에 기반하여 국가들의 다문화 정책들을 비판적으로 살펴볼 것이다. 각 국가의 정책은 소수자들을 어떠한 주체로 규정짓고 있는가의 문제로 귀결된다. 따라서 다음에서는 각 국가에서 어떠한 정책을 구현하는지 그리고 그 안에서 주체를 어떻게 규정하고 있는가에 대해 비판적으로 탐색해 보고자 한다.

3. 다문화주의를 위한 국가정책의 사례 및 문제점들

1) 프랑스 동화주의 정책

동화주의 정책을 가장 강력히 펼치고 있는 대표적 국가로는 바로 프랑스가 있다. 프랑스는 영국 및 네덜란드와 함께 과거 식민지 국가가 국민들의 대규모 이주를 경험한 국가로 분류된다. 실제로 프랑스의 식민지 지역이었던 알제리·모로코·튀니지 등의 북아프리카 국가 출신 이주민의 이주가 1960년대 급격하게 증가했는데 대부분 무슬림들이었다. 제2차 세계대전 이후 인구부족으로 인한 전후복구의 어려움을 해결하기 위해 외국인 노동자를 유럽국가인 이탈리아와 스페인으로부터 충원했던 프랑스는 1960년대 본격적으로 북아프리카 출신 노동자들을 수용하면서 유색 이주민이 국제 이주에서 중요한 비중을 차지하게 되었다. 1970년대 프랑스의 이주정책은 점차로 제한적 입장을 취했는데 특히 가족 재결합을 규제하려는 의도를 강하게 드러냈다.

프랑스의 이민정책은 전형적인 동화주의 모형의 모습을 보여준다고 할 수 있다. 동화정책으로 불리는 프랑스의 동화모형은 이민자들이 프랑스 언어와 문화의 습득으로 자부심을 높여 프랑스인으로서 사회에 통합되기를 기대하였다. 이러한 정책 기조 하에서 프랑스의 학교교육은 통일성을 강조하면서 이주민들의 인종적 또는 종교적 성향을 고려하지 않았고 평등성을 강조해 왔다. 이러한 입장을 기초로 1976년 이전까지 프랑스의 학교에서 외국인의 언어를 가르치는 것은 허용되지 않았다. 또한 프랑스는 동화정책의 일환으로 종교와 공공생활의 분리를 이주민이 수용하고 내재화하도록 함으로써 사실상 이슬람종교의 공식적 인정과 확산을 억제해 왔다. 또한 이주민의 언어도 공식적인 제도들을 통해서 다루어지지 않음으로써 이주민의 종교와 언어가 개별적인 이주민들의 사적생활의 한 부분에 국한되도록 규제해 왔다.

하지만 이러한 정책은 프랑스 내부의 소수민족의 불만과 갈등으로 말미암아 점차적으로 변모하기 시작하였다. 프랑스에서의 통합정책은 기존 동화정책으로부터 프랑스 내 문화적 다양성을 인정하면서 이주민을 프랑스 시민으로 통합시키기 위한 정책과 제도화로 나타났다. 이러한 정책 기조의 변화 속에서 1980년대에는 이주민들의 거주 권리와 불법이주민들에게 사면을 부여했으며 이주민들의 확대된 정치참여를 허용했다(김용찬, 2001).

프랑스에서 이주민에 대한 통합정책은 1990년대에 약 백만명의 이주민이 프랑스 국적을 취득함으로써 구체화되었다. 또한, 프랑스 정부는 모두 이슬람 대표조직들을 조직화하고 이들 조직들과의 협의 제도를 형성함으로써 프랑스 내 무슬림의 통합을 모색했다. 이를 위해 프랑스 정부는 고위통합위원회(Le haut conseil à l'intégration)를 신설, 도시 외곽에 게토화된 지역에 살고 있는 이주자들이 프랑스 사회에서 경제적 활동을 원활하게 펼칠 수 있도록 하는 정책을 실시했다. 그 중 청·장년층의 직업교육, 이주자 자녀를 위한 사회적 특별교육정책이 대표적이다(이가야, 2009). 그러나 이러한 정책은 이주자들의 사회, 문화적 특수성에 대한 고려 없이 경제적 관점에서의 사회통합과 국가이익에 중점을 둘 뿐이다. 결국 프랑스의 다문화 정책은 이주자와 국민간의 차별과 간극을 더 깊게 만드는 결과를 초래했다. 국민과 이주자 간의 차이에 대한 이해가 전제되지 않고서는 이주자들이 프랑스 사회에서 펼칠 수 있는 역량에 한계가 있다는 것을 고려하지 않은 것이다. 결국 프랑스 이주자들은 다문화 정책에 대해 계속적으로 항의를 표기하기 시작했고 이는 폭력 사태라는 초유의 상황으로 치닫게 되었다.

2) 미국·영국 다원주의 정책

전형적인 이민국가인 미국은 필연적으로 국가적 차원의 다
문화정책을 펼칠 수밖에 없는 상황에 놓인 나라이다. 현재 학
계에서 논의되고 있는 다양한 형태의 다문화 혹은 다문화주의
이론들은 이 미국의 정책을 고려한 것들이 대부분이다. 미국
의 이민정책은 이른바 '용광로 정책(melting pot)'으로 불리는 동
화정책을 오랜 기간 동안 고수하여 왔다. 즉, 이민자들이 미국
의 역사와 영어를 학습하고, 미국문화를 흡수해 미국국민으로
서 재탄생 하는 정책을 유지해 왔던 것이다. 이런 정책 기조
는 다분히 중앙통제형 사회통합방법론으로서 특히 대규모의
이민이 유럽으로부터 이루어졌던 1, 2차 세계대전 전후에 시
행되었다.

이러한 정책 기조는 1960년대로 민권 운동, 반 저항문화 등
의 사회운동 등으로부터 촉발된 사회적 환경의 변화로 말미암
아 '완전한 동화'에서 점차 '차이'를 인정하는 것으로 정책의 방
향을 선회하게 되었다(홍기원, 2007). 1990 년대에 미국정부는 캐
나다의 다문화 사례를 참고하여 소수민족공동체를 인정하는
정책을 추진하게 되었다. 이 정책은 서로 다른 집단 간의 문
화와 언어, 종교 간의 특수성을 인정하는 것으로써 '샐러드 그
릇', '종족적 모자이크' 혹은 '무지개 연합'으로 비유되기도 하는
데, UN 가입국 수보다 더 풍부한 인종적 다양성을 가진 미국
으로서는 피할 수 없는 선택으로 간주된다. 그러나 2001년 9.11
테러사건과 2007년 미국경제의 붕괴 등으로 미국정부는 이민

법과 국적법을 강화하고 이민자들에 대한 폐쇄적인 정책으로 다시 돌아서고 있는 상황이다. 여전히 합법적인 이민자들에게는 문호가 열려 있기는 하지만, 불법체류자들에게 한층 이민 정착이 어려울 것으로 전망된다. 특히 미국의 주변국들인 멕시코나 중남미 히스패닉 계열의 이민자들이 그 직접적인 불이익을 받고 있는 실정이다(이종열, 2008).

이러한 다원주의 정책을 펼치고 있는 또 다른 국가로 영국을 들 수 있다. 영국의 경우 과거 식민지 정책으로 인한 유색인종의 유입을 이주의 첫 시작으로 보는 경우가 많다. 그 이후 경제적 이민자와 함께 유럽통합에 따른 타국으로부터의 이민자 수가 급격히 증가했음을 알 수 있다. 그리고 이 시기에 영국의 다문화주의 정책이 빠르게 전개되기 시작했다(온대원, 2010).

현재의 영국은 이민 정책은 강력한 동화주의정책을 채택하고 있지는 않다. 오히려 영국의 경우에는 많은 식민지 경험으로 인해서 다문화주의는 보다 성숙하게 자리 잡고 있다. 1990년대 말 이래 영국정부는 인종갈등 및 문제 해결을 위해 힘쓰고 있다. 예를 들면 인종평등계획(race equality scheme)을 제정하면서 인종차별 금지, 인종 간 동등한 기회부여, 인종 간 관계개선 지원 등을 위해 정부차원에서 힘쓰고 있다. 교육 분야에서도 런던의 학교와 흑인 아동이라는 이름의 포럼을 개최, 아프리카와 서인도 출신 아동 지원을 위한 정책방안을 수립하기도 했다(온대원, 2010). 이처럼 영국은 인종, 민족적 배경에 바탕을 둔 문화적 다양성을 새로운 목표의 하나로 설정하고, 성과

측정에 있어서도 예술 활동에 참여하는 인종적, 문화적 소수집단 출신 수의 증가와 다양한 배경의 사람들이 예술가, 관객, 직원이 될 수 있도록 개방한 문화시설 증가 등을 평가지표로 삼음으로써 문화적으로 다양한 영국을 만들기 위해 노력하는 모습을 보여주었다.

그러나 2001년 미국 9.11 사태와 영국 북부 도시 밀타운(Miltown)에서 이주자 폭동이 연이어 일어나면서 영국 국민과 이주자 간의 적대감정이 형성되기 시작했다. 그리고 2005년에는 자살폭탄테러가 발생하면서 영국 다문화 모델이 제대로 작동되고 있는가에 대한 회의적 발언들이 쏟아지기 시작했다. 이후 영국은 보다 강화된 이민법 규정을 통해 이민을 규제하고 자국의 안정을 도모하고자 하는 방향으로 회귀하고 있다. 이는 과거 이민자들과 함께 다문화사회를 구성해 나가는 과정에서 겪은 위험성을 제거함과 동시에 이민자들이 백인사회에 보다 잘 통합되기 위한 제도적 장치를 통해 선별된 이들만 받아들이겠다는 목적이 있다. 실례로 기술이민의 경우는 영국 사회에 도움이 될 만한 인력만을 선발, 판단 후 비자를 발급하고 있으며 결혼이민의 경우는 영어 능력평가를 통해 비자를 주고 있다. 결혼이민자들도 일정 수준 이상의 영어를 구사해야만 영국에서의 생활이 가능하고 문제도 일으키지 않을 것이라는 영국 정부의 의도적 규제 강화인 것이다(최동주, 2009).

물론, 영국은 이민법이 엄격한 대신에 이민을 통해 영국에 정착한 이들에게는 사회복지 측면에서 차등을 두지 않고 있으며 영국 사회에서 통합될 수 있도록 교육, 언어 및 문화프로그램을 실시하고 있다. 그러나 이는 이민자들의 문화를 인정하는 것이 아니라 영국 사회에 융합되어 하나의 공동체 안에서 영국 사회의 구성원으로 살아가야 할 의식을 심어주는 일환으로 진행된다. 즉, 영국 정부의 다문화 정책은 이민자들의 규제를 강화함으로서 문화적 다양성을 지양하고 영국의 전통적 문화와 사회를 지키기 위한 방향으로 회귀하고 있는 것이다.

미국과 영국의 다원주의 정책은 다양한 민족의 문화를 인정함에도 불구하고 위계질서가 존재하면서 민족적 제도 내에서 이들을 흡수하고자 하는 경향이 강한 것으로 분석된다. 즉, 다양한 인종들의 평등과 자유를 보장하기 보다는 인종과 계층에 따른 이분법적 틀 안에서 소수 인종과 문화에 대한 인정에 머물러 있을 뿐이다.

3) 캐나다·호주 다문화주의 정책

한 국가가 역사적 혹은 문화적 배경이 상이한 이민 집단으로 구성되어 있으나, 고유의 문화에 대한 문화적 다양성을 인정하고 사회 통합을 도모함과 아울러, 타문화의 보존과 향유 권리까지 인정하려는 태도를 다문화주의 정책의 근간이라고 보았을 때, 캐나다와 호주가 이 범주에 들어갈 수 있다.

특히 캐나다에서의 인종 간의 갈등이라는 부정적인 요인, 즉 퀘벡 주의 연방으로부터의 분리 주장이 아이러니하게도 이 다문화주의 정책이 자리 잡게 되는 동인이 되었다는 점에서 주목할 만하다. 즉, 과거 캐나다 정부는 이러한 프랑스계 퀘벡 분리주의자들의 불만을 해소하기 위하여 1963년 2개 국어 2개 문화주의 왕립위원회를 발족하였고, 이어서 1969년 공용어법 제정 등 연방정부에 의한 본격적인 이중문화주의를 도입하였다(홍기원, 2007). 이후, 캐나다 정부는 다문화를, "인종·민족· 문화적으로 다원화된 인구학적 현상, 사회문화적 다양성을 긍정적으로 인식하고 가치 있게 여기고 존중하려는 사회적 이념, 사회문화적 다양성을 보호하고 인종·민족·국적에 따른 차별과 배제 없이 모든 개인이 동등한 기회에 접할 수 있도록 보장하는 정부의 정책과 프로그램"으로 정의하고 있다(윤인진, 2007, 252쪽).

호주 역시 다문화주의 정책을 시행하는 대표적 국가이다. 호주는 제2차 세계대전 이후 감소된 인구와 경제발전에 필요한 노동력을 충당시키기 위해 비영국계의 이민자를 받아들이고 종전의 백호주의를 폐기하고 캐나다를 벤치마킹하여 주민들과 토착민들을 포용하고 그들의 문화를 인정하는 다문화주의 정책을 시작하였다. 호주의 다문화주의 정책은 다양성 속의 일치성(unity in diversity)이라는 모토에 드러나듯이 개인의 문화적 권리에 앞서 국민의 책무를 강조하고 있으며 문화적·언어적 다양성을 수용하고 존중하는 것을 목적으로 한다. 호주정부의 다문화 정책을 살펴보면 첫째, 시민적 의무, 둘째, 상호존중, 셋째, 상호 공평성, 넷째, 공동 이익추구로 구분된다. 이러한 기본원리를 지키기 위한 세 가지 실천전략은 첫째, 조화롭게 살기, 둘째, 더 공평한 정부 서비스 및 프로그램, 셋째, 생산적 다양성으로 이루어져 있다(윤인진, 2008).

호주는 과거 인종차별이 극심하였지만 최근 이를 극복하고 캐나다와 함께 다문화·다언어 국가의 좋은 사례로 인정받고 있다. 여기에는 중앙정부와 지방정부의 적극적 인식전환과 재정적·체계적 지원이 큰 계기가 되었다고 할 수 있다. 우선, 호주 정부는 다문화정책 실행에 있어 지방정부의 역할에 대해 매우 강조한다. 지방 정부의 적극적인 참여를 이끌어내기 위해 다양한 문화 간의 화합과 통합을 잘 이끌어가는 도시를 선정하여 그들의 다문화 프로그램에 재정, 정책 지원을 아끼지 않는다. 이민자들의 언어 및 문화 장벽을 극복하기 위해 연방정부 및 지방정부는 온라인 및 전화서비스를 통해 다국어 통역 및 번역 서비스를 제공한다. 또한 비영어권 이민자들의 영어교육을 위해 호주 정부는 매해 보조금을 지원한다. 그리고 지역의 공공 박물관 및 도서관에 다문화권의 도서 및 문화관련 자료, 물품 등을 제공하도록 정부가 지원한다. 이와 더불어 호주 대부분의 도시들은 일 년에 한번 각자 특성에 맞는 다문화 축제를 주최한다. 이 행사는 주로 소수민족 공동체들이 한 자리에 모여 음식·공연·강연 등의 행사에 참여함으로써 다문화에 대한 이해를 높이는 교육의 장이라고 할 수 있다.

또한 호주는 외국인 노동자를 위한 정책적 지원을 제공하고 있는데, 기술 이민과 단기 임시 노동자 수입 정책과 예산지원, 번역과 통역 서비스, 성인 이민자를 위한 영어교육, 소수 언어 정책 등이 주요 골자이다(이용승, 2003). 호주의 다문화주의는 공교육 프로그램에도 잘 반영되어 있다. 호주의 초, 중고등학교는 새로운 세대의 호주인들에게 어릴 때부터 인종주의 및 적대, 편견을 일소하고 소수문화 공동체와 어우러지는 조화로운 삶을 지향하도록 교육을 실시하고 있다.

이러한 다문화주의를 표방하고 있는 국가들의 정책들은 앞서 살펴본 동화주의 다원주의 정책보다는 소수자들의 문화와 정치적 권리에 대해 상당히 개방적인 모습을 보여주고 있다. 그러나 최근 호주와 캐나다의 다문화 정책결과가 미국과 영국의 다원주의적 정책과 비슷한 국면을 취하고 있다는 점에 대해 주목할 필요가 있다. 특히 호주의 경우는 총리가 직접 호주의 다문화정책이 실패했음을 밝히는 가운데 이주자들을 영어권, 백인문화 중심의 문화로 동화시키고자 하는 움직임이 나타나고 있다(한동훈, 2012.1.26). 이는 결국 각 국가에서 다문화 정책을 진행하면서 정책 대상자들을 어떻게 구분 짓고 있는가의 문제로 귀결된다. 즉, 다문화주체의 규정과 이들의 정체성 및 특성을 어떻게 규정해야 하는가의 문제인 것이다.

제2절 다문화주체의 정체성

1. 다문화주체의 정체성 문제

앞서 우리는 다문화주의의 정치철학과 정책의 한계를 살펴보았다. 그리고 이를 통해 다문화사회에 속해있는 개인들의 문화적 특수성 및 정체성에 대한 권리를 보장해 줄 수 있는 사회적 시스템의 부재를 고찰했다. 그렇다면 여기서 우리는 다문화사회의 개인들이 갖고 있는 특징들에 대해 면밀하게 살펴볼 필요가 있다. 이때 우리는 다문화사회의 개인들을 '다문화주체'라 칭하고자 한다. 강진숙(2009)에 의하면 다문화주체란 정책적으로는 인종과 경제적 환경의 잣대로 이주노동자, 이주여성, 다문화가정 아동, 새터민 등을 구분하고 있지만 이러한 구분을 넘어서는 주체의 필요성을 강조한다. 즉, 이주민과 국민이란 이분법적 사고에서 벗어나 모두가 다양체를 지닌 주체로 발돋움 할 수 있는 가능성을 열어두어야 하는 것이다.

그러나 아직까지 국내에서 다문화에 대한 정의도 확실하게 내려지지 않은 상황에서 다문화주체의 정체성을 규명하기 위해서는 다문화의 정의 그리고 주체를 어떻게 규정짓고 있는가에 대한 기존연구를 보다 더 세밀히 들여다볼 필요가 있다. 김형인(2007)은 다문화의 가치에 대해서 다양한 문화와 사회에 속한 개인, 집단, 국가가 평등, 상호존중, 공존할 수 있다는 믿음을 갖는 보편성이라고 설명하고 있다. 또한 전숙자 외(2009)는 상이한 국적, 체류 자격, 인종, 문화적 배경, 성, 연령, 계층적 귀속감 등에 관계없이 모든 인간이 인간으로서의 보편적 권리를 향유하고 각자의 특수한 삶의 방식을 존중할 수 있는 주체들의 집합적 노력이라고 정의하였다. 박이문(2002)은 정치철학적 관점에서 한 사회 내에 존재하는 각 하위사회의 인간 집단의 신념의 상대성을 똑같이 인정하고 존중해야 한다고 주장하면서, 다문화는 음식, 의복, 주거형태, 장례의식, 이념, 종교, 언어사용 등에 있어서 모든 집단에 자유를 인정하고 공존하자는 것이라고 설명하고 있다. 또한 구견서(2003)는 다문화란 문화 간의 격차와 이질성에 의해서 무시되거나 차별되는 것을 전략적으로 방지하고 문화에 따른 사회적·정책적·경제적 갈등을 해소하는 차원의 목적을 갖는다고 주장하고 있기도 하다.

선행 연구자들의 견해를 종합하여 볼 때, 다문화에서 다문화주체의 정체성 문제는 상이한 문화의 상호이해와 공존 안에서만 결정될 수 있다는 것을 알 수 있다. 그렇다면 정체성이란 무엇인가? 테일러(Taylor, 1994)에 의하면 정체성(identity)은 모든 개인은 평등하다는 근대적 보편성에서 나아가 타자와의 대화적 관계(dialogical)를 통해 나와 같은 동등한 위치 선상에 있는 또 다른 존재임을 인정하면서 성립된다고 설명한다. 즉, 인

간의 정체성은 타자 간의 인정을 통한 만인의 평등을 담고 있
는 동시에 나와 타인은 서로 다른 고유한 존재로서의 특수성
이 함께 담겨져 있는 것이다(김미라, 2005). 위 논의를 비추어 볼
때, 다문화사회의 정체성 역시 모두가 동일한 존재라는 평등권
과 함께 개인의 특수성에 대한 사회적 인정을 요구하는 차등
권이 함께 개방되어야만 한다. 그러나 문제는 테일러의 위와
같은 정체성 논의가 다문화주의의 해결책을 주고 있는가 하는
점이다. 이와 관련해 킴리카(2006)는 인정이란 덕목 아래 소수
자 집단의 사회적 참여는 유도할 수는 있으나 실질적 과정에
서는 다수자들의 권력이 더 우월하게 작동하면서 소수자 집단
의 자발적 동화를 이끌어 낼 수밖에 없다고 비판한다. 즉, 다
문화주체들 개개인의 정체성 발현과 집단적 움직임에 관한 능
력을 이론적으로 담보해 낼 수 없는 것이다.

다시 말하자면 다문화주체의 정체성이란 국민국가의 동질감
에서 벗어나 각 개인은 모두 인정받아야 마땅한 평등권과 함
께 상이한 문화적 경험 속에서 발생하는 개인들의 차이를 인
식해야 하는 행위라 할 수 있다. 즉, 문화적·경제적·신체적으
로 이분법화 시키는 근대적 사고에서 벗어나 상호 간에 사회
적 차별 없이 기본권을 유지하고 서로의 차이와 다양성을 이
해해야 하는 것이다. 이와 같은 다문화주체의 정체성을 확립
해 나가기 위해서는 '차이'를 통한 정체성의 획득이 가장 중요
하다. 다수적 집단과 국가의 고정된 틀에서 소수자로서 인정
되는 것이 아니라 차이의 이해를 통해 동등한 사회의 구성원

으로서 새로운 생성적 작용을 해나갈 수 있는 가능성을 획득해야 하는 것이다. 즉, 다문화주체에 대한 편견적 시각에서 벗어나 각자의 차이를 존중하는 방식을 통해 함께 다문화사회를 건설할 수 있어야 한다.

그러나 다문화사회의 문제점에 대해 간과할 수는 없는 게 현실이다. 정부당국의 정책적 의지와는 별개로 국민의식 전반에 흐르는 배타성은 심각한 문제로 남아 있을 뿐 아니라 이주노동자, 이주여성 등 다문화주체들의 특성이라 할 수 있는 이주와 혼종성은 사회적으로 여전히 이들을 고립시키는 원인으로 분석된다.

2. 다문화주체의 특성에 대한 논의

1) 이주와 혼종성의 문제

다문화사회의 이주자들에게 있어서 가장 큰 현실적인 문제는 두 개, 혹은 그 이상의 문화와 접촉하면서 살아가야 한다는 사실이다. 이때 이주자들을 둘러싼 문화의 영역들은 언어, 역사, 종교, 습관, 제도 등을 광범위하게 아우르며, 문화적 정체성을 이루는 단위라고 할 수 있다. 이는 사고방식, 생활양식, 적응양식이라는 단위로도 파악될 수 있다. 이처럼 이주자들은 낯선 다른 문화를 대면하게 될 때에 이를 충분히 예견할 수 있어야 하며, 문화 간의 충돌을 완화시키기 위해 자신과는 다

른 문화를 배우고 이해함으로써 진정한 의미의 공존을 준비할
필요가 있다.

이주자들에게 있어서 이런 생경한 생활양식에 적응해 가는
과정을 현지화(localization)과정이라고도 부를 수 있는데, 이는
엄연히 이주자들도 생활집단으로서 현지 사회에 존재하고 있
으며, 따라서 현지의 생활과 사고방식에 적응하고 통합되어 갈
수밖에 없음을 의미한다. 단지 이런 현지화 과정이 외국인 이
주자들의 혼종성 여부와 관련되어 각 이주자 그룹마다 매우
민감한 이슈가 될 여지가 있다. 여기서 혼종성이란 바바(Bhabha,
1993/2002)가 창안한 개념으로 강제로 산포된 노동력들이 식민
지 영토의 문화와 뒤섞임을 통해 '문화 정체성'의 혼돈을 겪는
동시에 두 문화, 혹은 그 이상의 문화 차이가 결과적으로 '문
화적 혼종성'을 보이게 된다고 설명한다. 이는 특별한 인종적
뿌리에 고착되어 있지 않고 다양한 문화적 권역들을 자유롭게
떠다니는 형태의 이주자 주체의 가능성을 감지한 개념으로 볼
수 있다.

그러나 이 개념은 현재까지도 많은 논란의 대상이 되고 있
다. 현실적으로 어떤 외국인 이주자 그룹에서는 혼종성 문제
가 현지화 과정에서 당연히 받아들여야 할 다문화의 가치로
인정하는 반면, 어떤 소수자 그룹에서는 민족 고유의 가치를
상실하게 하는 반민족적 가치로 이해되기 때문이다. 위에서
고찰한 바 있는 동화론(assimilation theory), 다원론(pluralism) 이외
에도 분절동화론(segmented assimilation theory)과 문화변용론(accultu-

ration theory) 같은 다문화주의 이론들은 어떤 면에서는 이주자 그룹과 관련된 혼종성의 문제를 학문적으로 다룬 것이라고 재해석할 수 있다.

한편, 지젝(Žižek, 1999/2005)은 바바(Bhabha, 1993/2002)의 혼종성 개념에 대해 상당히 비관적 자세를 취하고 있다. 지젝에게 있어서 다문화주의는 '거리를 두는 인종주의'에 불과하며 서구의 우월성을 단언하는 형식이다. 다시 말해 다문화주의자들이 주창하는 특수성과 보편성은 유럽과 북미 중심의 서구적 사상일 뿐인 것이다. 서구 중심 사상의 해체는 원하지 않으면서 마치 모든 특수한 문화적 배경과 뿌리는 인정하는 듯한 다문화는 보편성의 가면을 쓰는 수준에 불과하다고 비판한다. 그리고 지젝은 특별한 인종적 뿌리에 고착되지 않고 다양한 문화적 권역들을 자유롭게 떠다니는 형태의 비서구 출신 이주자 주체를 드높이 사는 것은 이들이 처한 사회, 경제적 구조를 놓치기 쉽다고 설명한다. 즉, "혼종성이란 개념은 타국에서 마땅히 정착할 데가 없어 외곽지역에서 게토화(getto)[3] 되고 자신의 지위를 합법화할 수 없어 늘 추방에 대한 두려움을 안고 사는 주체에게는 자신의 실존마저 흔드는 외상적 충격"일 뿐이라는 것이다(Žižek, 1999/2005, 360쪽).

현재 이주와 혼종성의 문제에 대해 가장 객관적이고도 실증 경험적인 이론으로 알려진 것이 바로 사센(Sassen, 1999)의 이주

---

[3] 게토(getto) ①유대인들이 모여 살도록 법으로 규정해 놓은 거주 지역. ②미국에서 흑인 또는 소수민족이 사는 빈민가.

자 연구일 것이다. 사쎈은 과거 2세기에 걸친 이주자들을 연구한 결과, 인력이동은 무차별적인 흐름을 갖는 것이 아니라 일정한 패턴이 존재한다는 사실을 경험적으로 입증한 바 있다. 이 패턴의 흐름은 대체적으로 인력이동 − 이민 − 국적변화 − 신국민국가의 구성원으로서의 통합과정을 거친다는 것이다. 이를 보다 구체적으로 설명하면 이주민을 수용한 특정 국가는 대체로 노동자들을 초청한 경우가 많으며, 따라서 이들 국가는 이들이 이른바 원치 않는 외국인으로 방치되지 않도록 통합정책을 펼쳐야 한다는 것으로 요약된다(Sassen, 1999). 즉, 그는 자신의 이론의 궁극적 목표가 현대의 글로벌화 된 경제가 자본과 상품 그리고 정보 등의 영역에서는 국경 없는 이동의 결과를 낳은 반면 이주민들에 관한 한 오히려 그 국경의 문턱을 높여 왔고, 이에 대해 이주민을 많이 수용한 국가에서는 반드시 일정한 책임을 져야 함을 촉구하는 것에 있다고 밝히고 있는 것이다.

그러나 여기서 우리가 주지해야 할 점은 이처럼 혼종성의 문제가 상당히 비관적이라 할지라도 실제 현실에서 일어나고 있는 인종, 문화적 혼합에 대해서 회의적인 반응만을 보일 수는 없다는 점이다. 설령 다문화주의 구조에 갇혀 있는 이주자들의 삶이 부정적이라 할지라도 우리는 들뢰즈가 설명한 바와 같이 생성을 위한 최소한의 긍정을 요구해야 할 필요가 있다. 즉, 이주의 형태가 다분히 후진국에서 선진국으로의 이동에 있다는 점에서 다양한 형태의 차별을 이미 전제해야 하지만 이주자들 역시 각 나라의 고유한 문화를 담지하는 담지자로서의 가치를 인정받을 권리가 있으며 이들의 권리가 인정받는 사회를 이룩할 수 있도록 하는 실천이 필요한 것이다.

현재 우리가 생각할 수 있는 가장 바람직한 다문화주체성은 다문화에 대한 공적 담론의 형성과 아울러 다문화 인구와 토착민 간의 사회적 거리감을 좁힘으로써 비로소 확보될 수 있다. 이 말의 의미는 소수자 그룹을 대하는 원주민들이 가지고 있는 다문화의식이라는 것이 단순한 지식의 의미만을 갖게 된다거나 혹은 가치로서의 의식에 머물게 된다면 다문화주체성은 공론(空論)에 그칠 가능성이 농후하다. 따라서 다문화의 주체성은 "이주와 그로 인한 혼종성을 뛰어넘는 진정한 상호 이해(under-standing, ver-stehen)의 단계"로 반드시 이행되어야만 한다(홍기원, 2009, 187쪽). 혹자의 언급처럼 다문화의 정체성 혹은 주체성이 확보되기 위해서는 다문화에 대한 인지적 혹은 감성적 이해를 동시에 얻어내는 방편을 강구해야만 한다. 또한 다문화 인구의 증가의 측면도 다문화주체성 확보에 매우 중요하다. 이 말은 토착민들로 하여금 소수자 그룹의 특이한 문화를 접하게 하는 기회를 단순히 늘리자는 의미가 아니다. 이 문제는 새로운 문화적 정체성을 제시하지 않으면 안 되는 국제적 다문화시대에 걸맞은 새로운 패러다임의 전환과 관계된 것으로 특정한 소수의 이주자집단을 통해 전파되는 문화적 가치 혹은 삶의 양식에 대해 원주민 집단이 어떤 방식으로 반응할 것인가에 대한 성격을 갖는다. 따라서 이런 다문화주체성은 정부 정책의 기능성에 초점이 맞추어지기 보다는 다문화에 대한 관점 및 의식을 담기에 중점을 두는 정책적 전환과 아울러 세부적인 정책 결정이 뒤따를 때 비로소 완성된다고 할 수 있다.

2) 국가와 인종의 경계를 넘어선 다문화주체

다문화사회란 기본적으로 시민 혹은 국가 구성원으로서 사회, 경제, 정치 그리고 문화적 권리를 취득하고 그것을 누리는 데 개인주체의 인종이나 민족관계가 차별의 근거가 되지 않는 사회를 의미한다. 이런 사회구조는 사실상 다문화성을 뛰어넘는 다문화주의, 즉 다양한 민족과 인종이 한 사회 안에서 살아가는 객관적 현실의 변화를 뛰어넘는 인종과 민족성 그리고 문화가 다원화된 인구학적 현상이 정착된 사회를 말한다. 더 나아가 이런 다원성을 사회구성원 전체가 긍정적으로 평가할 뿐 아니라 가치를 부여하고 존중하는 분위기가 사회전체에 퍼져 있는 사회를 뜻하기도 한다. 이것을 좀 더 부연한다면 "소수자들의 사회문화적 다양성을 보호하고 인종과 민족, 그리고 국적에 따르는 일체의 차별 없이 모든 개인에게 평등한 기회를 보장하려는 각국 정부의 정책 프로그램이 일반화되어 있을 때, 비로소 다문화주의가 정착된 사회"라고 규정할 수 있다(인태정, 2009, 342쪽).

국가와 인종의 경계를 뛰어넘는 진정한 다문화사회, 다문화주체를 구축하기 위한 실천적 활동은 어떤 것들이 있을까? 우선 우리는 앞서 논의한 들뢰즈·가타리의 '소수자—되기'에 대해 다시 한 번 상기해 볼 필요가 있다. 소수자―되기를 다문화주체성에 적용한다면 인종과 국가라는 고정된 틀에서 벗어나 이주자와 토착민 모두가 편견 없는 접속을 통해 새로운 생성적 작용을 창조해 나갈 수 있는 가능성을 염두할 수 있다. 즉, 이주자의 권리 획득을 위해서는 이주자만이 움직이는 것이 아니라 이주자와 국민 모두가 함께 소수성을 획득할 수 있는 시스템 기반이 이뤄져야 하는 것이다. 그래야만 비로소 진정한 다문화주체의 성장 발판을 획득할 수 있는 것이다.

국제법적으로도 이런 소수자의 권리에 대해 언급되어 있는 부분이 적지 않다. UN헌장에는 소수자와 소수자의 권리에 대한 특별한 언급이 적시되어 있지는 않지만, 인권에 대한 규정 속에 소수자의 특별한 보호에서부터 인권의 보편적 보호를 반영하고 있다는 점에서 소위 '인간안보와 인권(human security and human rights)'에 대해 의식하고 있음은 명백하다(UN헌장, 1945). 이런 보편적인 인권에 대한 국제 사회의 인식은 1948년에 제정된 '세계인권선언문'에도 명기가 되어 있으며, 특히 제2조에서 무차별원칙을 천명함으로써 소수자 보호에 있어서 필요한 보호 장치를 마련하고 있다. 또한 1966년에 제정된 시민적 및 정치적 권리에 관한 국제규약(B규약) 안에 있는 "인종적, 종교적 그리고 언어적 소수민족은 자기의 언어를 사용할 권리가 부정당하지 않는다"라는 표현 역시 소수자의 권리에 대해서 재강조한 것이라고 볼 수 있다(장복희, 2001, 37쪽).

국제사회가 이렇듯 소수자에 대한 무차별원칙과 평등원칙을 강조하는 것은 국가와 인종의 차별을 뛰어넘을 때, 그 사회가 비로소 진정한 다문화주의가 구현된 체제라고 판단하기 때문이다. 이런 국제사회의 판단은 이제 한 국가의 건전성 내지 투명성 그리고 국제경쟁력을 재단하는 중요한 잣대가 되고 있다는 점에서 여전히 혈통주의와 단일민족성이 중시되고 있는 한국사회에 경종을 울리고 있다고 할 수 있다. 한국같이 단일 혈통주의를 강조하는 국가에서 이 다문화주의에 대한 새로운 시각이 필요한 이유는 명백하다. 다문화주의가 문화적 측면에서 각 나라의 문화 다양성과 미래지향적인 문화 발전에 기여하고 있기 때문이다. 유네스코(UNESCO, 2001)는 이 문화다양성을 인류의 공동 유산으로서 개인적, 집단적 풍요를 위한 자원인 동시에, 현재와 미래 세대를 위한 혜택으로 정의하면서, 여러 구성원이 평화롭게 공존하고 상호작용하기 위해 반드시 문화다양성이 필요하다고 강조하고 있다. 즉, 문화적 표현과 향유의 권리를 보장하는 적극적 다문화는 문화다양성을 통한 문화민주주의와 문화사회로의 발전에 바탕이 될 수 있다.

제3절 한국의 다문화사회

1. 국내의 다문화주의의 유입과 태동

한국의 다문화주의 유입은 글로벌 경제체제 재편에 따른 노동시장과 자본시장의 이동이라는 틀에서 살펴보아야만 한다. 이는 1990년대부터 급격히 이루어지기 시작한 해외로부터의 외국인노동자의 유입과 맞물려서 다양한 사회적 문제를 야기했기 때문이다. 특히 한국으로 몰려들기 시작한 노동인력들이 대부분 동남 아시아인들이라는 점과 더불어 최근 급격히 증가한 결혼이주자들 역시 동남아 출신이 주류를 이루고 있다는 사실은 한국 사회에 자연스럽게 다문화에 대한 인식의 전환을 이루게 하였다. 위에 언급된 바와 같이 다수의 외국인노동자의 수입으로 인해 한국경제의 글로벌 이미지가 제고된 면이 있기도 하지만, 반면 이주노동자와 결혼이주자들에게 보장해주어야 할 소수자의 권리 및 문화적 정체성 문제가 큰 사회적 문제로 대두되고 있는 형편이다.

이런 차원에서 한국을 다문화주의가 완전히 정착된 사회라고 보기는 어렵다. 다문화사회의 기준이 세계적으로 합의되어

있지 않지만 서구 선진국 중 OECD 국가들의 외국인 이민자
비율이 10% 이상인 것으로 나타나고 있다는 점을 감안하면
현재로서는 어느 정도 타당한 해석이라고 할 수 있다(조석주·이
상묵, 2008). 통계청의 자료에 따르면 2008년 당시만 해도 한국
에 거주하고 있는 외국인은 1,159,000명으로 1998년에 비해 4
배 가까이 증가한 것으로 보고되고 있다. 이는 전체 한국 인
구의 2%를 막 넘어선 수치이다. 따라서 다수의 외국인이 국내
에 거주하고 그에 따르는 다양한 문화가 존재한다는 다문화의
단순 이해 차원을 뛰어넘는 다문화주의, 즉 "서구사회가 지향
하는 다인종 사회로의 전환이 요청되는 시점"에 와 있다고 볼
수 있다(홍기원, 2009, 173쪽).

현재 한국 내의 외국 이주민은 결혼이주민과 이주노동자로
대별되며, 결혼에 의해 국내에 유입된 이주자들은 정주화 의지
가 강한 계층으로 분류가 된다(홍기원, 2009). 결혼이주자의 증가
추세는 근래에 들어 가히 폭발적이다. 결혼의 배우자들은 대
부분 여성들이라는 특징을 가지고 있으며, 이들이 출산하는 2
세 증가율 역시 무섭게 상승곡선을 그리고 있다. OECD 국가
중에서도 저출산 국가에 속하는 한국의 입장에서는 당연히 다
문화 인구의 증가 추세에 정책적 입안의 당위성을 제기하고
있다고 하겠다. 왜냐하면 이러한 외국인 이주의 증가 추세 및
결혼에 의한 다문화 인구의 증가는 향후 30년 안에 전체 한국
의 인구에서 차지하는 비율이 상당할 것으로 판단되기 때문이
다. 이렇게 계속해서 외국인 노동자와 결혼이민자들의 국내

유입이 가속화될 것이라는 전망은 이로 인한 사회적 갈등이 수반될 것을 아울러 암시하고 있으며, 또 실제 농어촌을 중심으로 다양한 형태의 문제점들이 드러나고 있다.

국내에 거주하는 외국인에 대한 기본권 보장은 대한민국헌법 제6조 제2항에 외국인은 국제법과 조약에 정하는 바에 의하여 그 지위가 보장된다고 명문화되어 있다. 단지 이 조항이 한국 국적을 소유한 사람에게 적용할 권리와 다소 구분될 수 있는 인간다운 삶을 살 기본권이라는 점이 있다는 점을 부인해서는 안 된다는 인식들이 2000년대에 들어와서 더욱 급속히 확산되게 된다. 외국인 노동자의 증가는 자연스럽게 외국인 노동자의 자녀와의 동반 입국 내지 한국 내에서의 자녀출산으로 이어지게 되었지만, 여전히 한국의 출입국관리법에 의해 외국인 전문기술인력에 한해서만 가족동반 사증을 허가하고, 단순생산직의 외국인 노동자 자녀들은 합법체류 신분을 확보하지 못한 채 생활하는 형편이었다. 이에 따르는 문제가 거듭 반복되자 한국 정부에서는 2001년 3월 당시 교육인적자원부에 의해 '불법체류 외국인노동자 자녀의 교육권을 보장하기 위한 행정지침'이 마련되었다. 이 지침이 사실상의 효력을 갖지 못했지만 한국 내의 다문화권 소수자들에 대한 한국인들의 인식의 전환을 이루는 계기가 된 것은 사실이다. 이후 2003년 1월 유엔아동권리위원회는 한국의 이런 현실을 감안 외국인 미등록노동자 자녀를 포함한 모든 이주 노동자 자녀에 대해 동등한 공적 서비스 접근권을 보장하도록 권고하면서 이주노동자 권리 협약의 비준을 위해 국내법을 개정할 것을 역시 권장하였다.

이러한 한국 정부의 노력은 한국 사회에서 날로 그 비중을 높여가는 외국인 노동자들을 비롯한 외국인 소수자 그룹의 성장폭을 감안하면 아직 미미한 수준에 불과하다. 그리고 외국인 노동자들과 결혼이주자들의 한국 정주율이 증가하면서 드러나고 있는 계층 간 갈등의 해소와 사회통합의 필요성이 날로 제기되고 있다. 이에 따라 한국 사회 내부로부터 이제는 한국도 다문화사회에 대한 관심과 외국 이주자 문제에 대한 대책 마련이 요구되어야 한다는 목소리가 높아지고 있는 실정이다.

2. 국내 다문화 정책과 비판

국제 이민은 국가 간의 필요성에 의해서 이루어지는 것이 일반적인 경향이다. 한국의 경우에 있어서도 노동력 부족, 결혼 적령기 여성의 부족 등과 같은 사회적 문제로 말미암아 외국인의 이주가 급격하게 증가하고 있는 실정이라는 사실은 이미 고찰한 바와 같다. 이러한 다문화사회로의 전환은 우리 사회로 하여금 경제적, 문화적 측면에서 긍정적 효과를 가져다주고 있다. 하지만 외국인의 급격한 이주는 과거에 우리 사회가 경험해 보지 못한 다양한 부정적 효과를 가져다주고 있는 것도 사실이다. 단지 한 가지 분명한 사실은 이런 긍정적인 측면과 부정적인 측면을 근본적으로 다룰 한국의 정책 부재 내지 혼선이 더욱 큰 문제가 되고 있다는 사실일 것이다.

현재 한국 정부의 외국인 관리 정책은 통제 관리 중심의 정책 기조를 유지하고 있다. 하지만 세계화·지구화라는 환경 변화 속에서 해외 인재와 자본을 국가 발전에 활용하기 위해서는 외국인 정책 기조를 전략적 개방으로 전환할 필요성이 대두되고 있다. 이러한 배경 하에서 전개되는 한국의 다문화 정책은 중앙정부와 지방정부가 정책의 주체를 맡고, 공공기관과 시민단체가 실천을 담당하는 형태로 체계가 형성되어 있다. 하지만 우리 사회에 만연된 차별적·폐쇄적 가치관과 관주도의 비효율적 정책 추진은 여전히 다문화 정책의 효율적 추진을 저해하고 있는 실정이다.

위에 언급된 바와 같이 한국의 다문화 논의는 2000년대부터 본격화되었으며, 참여정부에 이르러 다문화사회 형성을 정치이념으로 제안하며 보다 구체적인 정책들을 내놓기 시작했다. 그리고 현재 이명박 정부에 들어서는 획기적인 정책제안 보다는 참여정부의 다문화정책을 수정, 보완해 나가는 형식을 취하고 있다. 이는 사회통합을 국가비전의 1순위로 내세우고 있는 현 정부의 정치적 비전과 상당히 맞닿아 있는 부분이라 할 수 있다.

〈표 1〉 국정 과제상 다문화가정 정책 편제 구조

분류·지표	국정전략	국정과제	세부실천과제	주관기관
섬기는 정부	전략4. 안심하며 살 수 있는 나라	과제18. 마음 놓고 일할 수 있는 안전한 일터 조성	(1) 산업재해 감소—비정규직, 외국인, 여성 근로자 재해로부터 보호	고용노동부
		과제19. 여성과 어린이가 걱정 없이 다닐 수 있는 나라	(2) 여성폭력 취약계층에 대한 보호—이주 여성의 폭력피해 예방 및 보호	여성가족부, 경찰청
능동적 복지	전략10. 맞춤형 복지 실현	과제48. 도움이 필요한 가족에 대한 지원 강화	(1) 다문화가족의 사회통합 및 결혼이민자에 대한 인권보호 강화	보건복지부
성숙한 세계	전략20. 품격 있고 존중받는 국가가 화림	과제99. 외국인과 함께하는 열린사회	(1) 적극적 외국인정책전환 —이민자 사회통합프로그램 이수 및 표준화 방안 —외국인의 출입국 제도 개선 (2) 외국인과 함께하는 지역공동체 구축 —외국인 안전인프라교실 운영 —외국인주민종합행정서비스 활성화 —외국인주민집중거주지역 지원	법무부, 고용노동부, 경찰청, 행정안전부

출처: "이명박 정부의 다문화가정 정책 추진 성과 및 문제점: 정성협동 관점에서의 평가". 양문승·윤경희, 2010, 『한국공안행정학회보』, 41호, 246쪽 재구성.

위 표에서 알 수 있듯이 현 정부의 다문화 정책은 한국사회의 인식개선과 다문화주체들이 사회의 구성원으로써 자존적인 삶을 살 수 있도록 하는 실질적 지원은 미약하다. 그리고 보호 및 예방, 사회통합과 적응, 서비스 지원 등의 차원으로 한정되어 있을 뿐이다. 또한 여러 다기관에서 협력적으로 서비스를 지원하고 있는 형태를 띠고 있으나 현실적으로 지원의 분산, 협력의 미흡 등의 문제점이 나타나지 않는지 고찰해야 한다(양문승·윤경희, 2010).

현 정부의 다문화정책은 사회통합이라는 기조 하에 다문화주체들의 한국사회 적응을 강조하는 동화적 성격의 정책을 펼치고 있다는 비판을 피하기 힘들다. 이주노동자의 경우 국내 경제발전을 위한 도구로서 받아들이고 있을 뿐이며 이주여성 및 이민자의 경우는 사회적응과 통합만을 강조하고 있다. 게다가 사회적 현안에 대한 근본적 개선보다는 서비스 지원 등을 통한 표면적인 처방에 머무르는 현실이다. 결국 현 정부는 다문화 자체에 대한 근본적인 성찰은 간과한 채, 현재의 사회적 사안에 대한 현상 유지 및 미시적 개선에 불과한 소극적 태도를 가지고 있는 것으로 판단된다.

1) 이주노동자에 대한 정책

한국의 초기 이주노동자 정책은 부족한 노동 인력을 해외에서 수급하는 데에 급급했기 때문에 정책 자체가 부재하였다. 1990년대 이후 한국의 제조업 현장에서는 심각한 취업난에도 불구하고 구인난에 시달렸는데 이는 한국사회의 저출산·고령화와 3D 업종 기피현상으로 인하여 비롯되었다. 이에 따라 제조업분야의 노동 인력부족 현상에 대한 대응 방안으로 정부에서는 외국인 노동자의 수입을 적극적으로 권장하였고, 초기엔 긍정적인 효과를 가져다주었다(김남일, 2007). 또한 고학력화에 따른 한국인들의 3D 업종 기피 현상 역시 노동인력의 부족 현상을 가중시켰고, 단순노동을 위한 단기 이민자의 국내 취업은 한국의 노동수급 불균형을 조정하는 역할을 하였다. 이런 이민자를 통한 노동인력수급문제 해결 사례는 전후의 독일에서도 찾아볼 수 있다. 독일은 1950년대 이후 급속한 경제성장으로 노동력 부족현상이 일어났고, 1956년 이탈리아 노동자들이 처음 독일에 입국하기 시작하였고, 한국에서도 광부와 간호 인력을 독일에 수출하였다. 지금도 독일전체 취업인구의 8%를 이민자가 차지할 정도로 독일에서 이민자는 노동인력수급의 중요한 통로로 평가받고 있다(오경석 외, 2007).

한국은 1991년 이후 2004년 8월까지 산업 연수제를 실시한 바 있는데, 이 제도의 원래 취지가 위에 언급된 노동인력의 보충에 있었지만 불법체류, 인권침해는 물론 해외의 불법송출세력과 결탁한 공무원 부조리의 온상으로 전락했었다. 이런 문제점을 개선하고자 2004년 8월 17일부터 이른바 고용허가 제도를 실시하고 있지만, 사용자 단체의 반발로 여전히 편법적으로 운용되고 있는 실정이다. 외국인 산업연수생이 국내에 들어와 2박 3일 동안 입국 후 교육을 받은 후 연수업체에 배치가 되었지만, 말 그대로 단순 노동만 한다거나, 배치되어야 할 원래의 산업체가 아닌 엉뚱한 농업단지에 일하는 경우가 발견되는 등 수많은 문제점이 노출되고 있는 형편이다(박경태, 2005).

이런 부작용을 인식한 정부 당국이 2005년을 계기로 한국내 외국인을 위한 중앙과 지방정부의 법적 제도 개선이 어느 정도 진전을 보이면서, 관련 법률의 제정과 개정이 진행되기도 하였다. 그러나 이런 정부의 노동이주자들에 대한 법률적 지원은 다문화가정이 증가하면서 다양한 형태의 문제점이 속속 드러나기 시작했고 이에 대한 효율적인 통제가 필요했기 때문에 제정되었다는 지적이 있다. 대표적인 이주민 정책 법안들로는 2006년 5월의 외국인정책위원회 설치, 2006년 10월 행정자치부의 거주외국인 지원 표준 조례안, 2007년 5월 법무부의 재한 외국인 처우기본법 시행과 국적법 개정 등이 그것이다. 이런 법안들은 2008년 이후에도 다양한 개선안이 수립되거나 제안되기도 하였다. 그 구체적인 내용을 들여다보면, 법무부는 외국인 근로자를 위한 시책으로 근로계약 1년 이내에서 3년간 취업기간 내내 회사와 근로자 간 자율계약 변경 가능(외국인 고용법 개정), 3년 만료 후 1개월 이상 출국 후 재입국에서 5년으로 연장 체류 가능으로의 변경(외국인 고용법 개정), 외국인 근로자 자녀동반 가능 등의 제도 개선을 시행하였지만 이런 제도적 개선의 수혜자가 극히 미미하다는 사실 역시 부인하기 어렵다.

2) 이주여성 및 다문화가정에 대한 정책

이론적 배경에서 검토된 바 있는 다문화주의는 지역 균형 개발에 기여하는 효과가 있음이 증명된 바 있다. 특히, 한국의 경우에는 국제결혼을 통한 여성 결혼 이주자의 국내 유입으로 인해 날로 피폐해져 가는 농어촌 지역개발에 일정한 효과를 미친 것으로 평가되고 있다. 익히 알려진 바와 같이 대부분의 한국인들이 문화, 교육, 의료복지시설의 부족 등을 이유로 농촌거주를 꺼려하고 도시로 집중되면서 한국의 농촌은 인구감소 문제를 겪고 있다. 또한 농촌 거주 남성들은 국내에서 결혼 상대자를 찾지 못하고 있는 실정이며, 연 평균 40% 정도의 농촌 총각이 국제결혼을 하고 있는 실정이다. 결국 한국농촌의 다문화가정의 증가는 고령화 둔화와 의료, 교육 등과 같은 편의시설의 증가로 이어져 지역발전에 기여하는 효과를 가져다주고 있다. 외국 사례로는 호주가 그 대표적인 사례라고 하겠다. 호주는 이민자와 그의 가족들이 자발적으로 호주의 소도시 등에 거주하는 것을 이민점수 가산제도 등으로 장려하였는데, 그 결과 다윈과 애들레이드 등 소도시에도 3% 내외의 이민자가 거주하며 지역개발에 필요한 지역인구증가와 세수 확대에 기여하고 있다(오경석 외, 2007).

하지만 이런 다문화주의의 근간을 이루는 한국의 결혼이주자들은 한국 특유의 가부장적인 가족관계에서 비롯되는 문화적 충격에 흔히 빠진다는 점에서 부정적인 측면을 아울러 가지게 된다. 예를 들어, 한국인과의 가장 많은 국제결혼을 하는 것으로 알려진 필리핀이나 베트남인의 경우 본인 세대 중심의 관습이 몸에 자연스럽게 배어있는 관계로 가장 많은 가족 간 갈등을 가지고 있는 것으로 조사되었다(김수연, 2011).

이런 갈등의 근저에는 현재 한국인 남편과 혼인하는 외국 여성들이 국제적인 인신매매적인 성격을 다분히 가지고 있는 데다 경제적 후진국 출신이라는 편견까지 겹쳐 결혼 당사자인 남편은 물론 그의 가족들로부터 정식 가족구성원으로서의 대우를 별로 받고 있지 못한다는 데에서 문제의 심각성이 더해진다. 이런 문제는 결혼이주 여성들의 혼인관계가 해지되는 순간 이들이 불법체류자로 전락한다는 점을 악용당하여 가정폭력 등에 시달린다는 점 역시 무시할 수 없는 상황에 놓여 있다. 결혼이주 여성들은 현재 방문 동거비자로 체류자격을 취득해야 하기 때문에 결혼이 유지되지 않는 경우, 복지수혜 대상에서도 제외되는 어려움을 겪게 된다. 2009년 당시 결혼이민자 17만 명가량을 조사한 결과 한국 국적 취득자는 26.4%에 불과하였는데 이는 전체의 1/4밖에 되지 않는 숫자이다(김수연, 2011). 이는 현재 한국 국적법이 결혼이주자들에게 매우 복잡하고 자칫 인권침해를 야기시킬 소지를 많이 가지고 있기 때문이다.

결혼이주 여성이 한국에서 국적을 취득하려면 먼저 거주 자격으로 체류연장 신청과 아울러 외국인 등록신청을 해야 한다. 다음 단계로 국내에 2년 이상 거주함과 동시에 3년 이상의 혼인기간이 지난 다음에야 귀화허가 신청이 이루어지고, 반드시 배우자와 함께 관계기관에 출석하여 신청서를 접수해야 한다.[4] 이런 모든 정황을 고려해보면, 결혼 이주 여성에게 인권침해의 소지가 다분할 뿐 아니라 언어소통이 원활치 않은 이들이 과연 어느 정도 이 국적법에 대해 이해를 하고 있는지도 의문이다.

한국 정부는 2008년 3월 당시 보건복지가족부가 다문화가족지원법, 2008년 7월 문화체육관광부의 다문화사회 문화지원법 등을 입법하여 이들을 지원하고자 했지만 현실적으로 자신의 의지와 상관없이 불법체류하게 된 결혼이주자들에 대안 마련이 현재로서는 가장 시급한 현안으로 보인다.

3) 다문화가정 청소년에 대한 정책

한국 내 다문화가정 청소년은 크게 두 부분으로 나누어 생

---

4) 한국인과 결혼한 외국 여성은 재외 공관에서 방문동거비자(F-1) 사증을 발급받고 입국하여 거주비자(F-2)로 바꿀 수 있다. 미등록 즉, 불법체류 상태에서 결혼한 경우에는 다시 출국하여 불법체류 상황을 해소한 다음, 혼인절차를 다시 밟아야 한다. 하지만 현실적으로는 한국에서의 불법체류 사실이 문제가 되는 경우가 많고 이로 인해 입국하지 못하는 일이 흔하다. 국적법 제6조는 2003년 1월, 한국인 배우자가 사망 혹은 실종했거나 자신의 귀책사유 없이 혼인관계를 지속시킬 수 없는 경우, 그리고 미성년 청소년을 양육해야 하는 경우에는 정해진 기간을 채우지 못했다 하더라도 귀화를 신청하게 했으나, 전혀 실효를 거두지 못하고 있다. 그 이유는 본문에 나와 있는 것처럼 한국어를 전혀 이해하지 못하고, 경제력 또한 부족한 외국인 입장에서 시도조차 할 수 없기 때문인데, 최근 종교단체에서 이들을 위한 법률구조가 시도되고 있다.

각할 수 있다. 하나는 현재 외국인 노동자의 자녀들이며 다른
하나는 결혼이주자로 입국한 이주여성의 자녀들이다. 외국인
노동자는 현재로서는 가족초청권이 없지만 어떤 형태로든 자
녀들과 함께 생활하는 경우에는 대부분 불법체류 상태로 보면
된다. 결혼이주자의 자녀들은 대부분 한국 국적을 소유한 상
태로 출생하기 때문에 체류신분 문제에서는 자유로운 편이다.

이 두 경우 모두 정도의 차이는 있지만, 이들이 한국 사회
에서 문화적 부적응과 함께 다양한 형태의 불이익을 받고 있
다는 점에서는 동일하다. 한국의 국내법상으로는 불법체류하
게 된 아동들에 대한 기본 권리, 즉 '자유권', '평등권' 그리고
'보호와 양육의 대상이 되는 특별한 인권'을 보장하고 있기는
하다.[5] 그러나 이들의 현실은 냉혹하다. 국가인권위원회의 연
구 보고에 따르면 많은 숫자의 불법체류 아동들이 정규 교육
을 받지 못하는 것으로 조사되었고, 설령 학교를 다닌다고 해
도 학교 교사나 또래 집단에 의해 따돌림을 받거나 차별을 받
은 것으로 파악되고 있다. 이 보고서에 의하면 외국인 노동자

---

5) 현재 한국 내의 불법체류 상태의 아동들은 국가인권위원회법 제2조
   제1항에 '인권이라 함은 헌법 및 법률에서 보장하거나 대한민국이 가
   입·비준한 국제인권조약 및 국제관습법에서 인정하는 인간으로서 존
   엄과 가치 및 자유와 권리를 말한다'라고 규정한 것에 의해 그 권리
   를 인정받고 있기는 하다. 이 법안에서 말하는 국제인권조약은 국내
   법과 동일한 효력을 갖는 것으로 간주되는 아동권리협약(Convention
   on the Rights of the Child)을 말한다. 한국 역시 1991년에 이 협약에
   가입하였고, 그해 12월 20일 발효하였으나, 국내법에 의하여 몇 개의
   조항은 제한한 바 있다.

자녀의 100명 가운데 약 63%가 몸이 아파도 병원에 갈 수 없는 처지인 것으로 조사되어 그 충격을 더하고 있다(국가인권위원회, 2008). 자신의 모친이 외국인 여성인 경우의 다문화가정의 자녀 역시 외국인노동자 자녀들이 겪는 학교 안에서의 차별을 겪고 있는 것으로 분석되고 있는데, 이에 대해서는 본 연구에서 보다 심층적인 고찰이 이루어질 예정이다.

이러한 문화적 부적응을 겪고 있는 다문화가정의 갈등의 더욱 큰 문제점은 그들의 자녀에게 그대로 재생산되는 악순환의 구조를 갖는다는 데에 있다. 대체적으로 다문화가정의 자녀들은 빈부의 격차와 학력의 격차를 또래의 한국 아동보다 더 심하게 겪는 것으로 보고되고 있다. 이는 다문화가정의 실질적인 가정교육을 담당할 모친이 외국인인 관계로 자녀와의 의사소통에 심각한 문제를 갖고 있으며, 이는 고스란히 자녀들의 학력부진으로 이어지고 있는 것으로 보인다. 또한 이들 부모의 경제력의 부재로 인한 학습보충의 기회 박탈 역시 적지 않은 문제를 안고 있는데다, 다문화가정 자녀들의 정체성 혼란으로 인한 고립은 이들을 한국 사회의 주변인으로 내몰고 있다는 점에서 심각한 사회적 문제로 대두될 여지가 있다.

제 3 장

다문화가정 청소년의 미디어

중독과 교육

제1절 다문화가정 청소년의 현실

1. 다문화가정 청소년의 분포와 특징

다문화가정 청소년은 '한국인과 결혼한 외국인 배우자 사이에서 출생한 자녀'로 정의할 수 있다. 최근 언론 및 시민단체에서 동남아지역의 여성 결혼이민자 청소년을 KOSIAN(Korea+Asian)으로 부르고 있으나, 이들에게 별도 명칭을 부여하는 것은 낙인효과를 가져 올 수 있으므로 가치중립적 용어인 '국제결혼가정 청소년 또는 결혼이민자 청소년'으로 부르는 것이 타당하다. 본 연구에서는 다문화가정 청소년으로 부르기로 하겠다. 또한 이들은 국적법 제2조 제1항[6]에 따라 출생과 동시에 한국 국민이 되므로 헌법 제31조에 의한 교육권을 보장 받는다.

국제결혼이 증가하면서 교육과학기술부(2010)의 '다문화가정 자녀 현황' 발표 자료를 살펴보면 2010년 초·중·고 재학 중인 다문화가정 자녀수는 30,040명으로 2009년 24,745명보다 21.4%

---

6) 국적법 제2조 제1항, 1. 출생 당시에 부(父) 또는 모(母)가 대한민국의 국민인 자 2. 출생하기 전에 부가 사망한 경우에는 그 사망 당시에 부가 대한민국의 국민이었던 자 3. 부모가 모두 분명하지 아니한 경우나 국적이 없는 경우에는 대한민국에서 출생한 자

증가하였고, 초·중·고별 비율은 초등학생이 78.6%, 중학생이 16.0%, 고등학생이 5.4%로 초등학교 재학생 비율이 월등히 높은 것으로 나타났다. 또한 지역별로는 경기도가 전체의 22.3%로 가장 많았으며, 서울 12.9%, 전남 9.6%, 경남 7.2%, 충남 7.0% 순으로 나타났다. 부모의 국적은 일본이 36.4%로 가장 높으며 그 다음으로 중국 17.3%, 필리핀 17.1% 순이다. 한국 혼인 건수 중 외국인과의 혼인은 지난 2004년 이후 줄곧 10% 넘게 차지할 정도로 보편화되어 가고 있다. 2011년 4월 27일 통계청에 따르면 2010년 한국인이 외국인과의 혼인 건수는 3만4235건으로, 2009년에 비해 935건(2.8%)이 증가했다. 총 혼인 건수 중 외국인과의 혼인이 차지하는 비중은 10.5%를 기록, 2004년부터 7년 연속 10%를 넘었다는 이야기가 된다(박양수, 2011.4.28). 이러한 추세는 꾸준히 발생하는 사회현상이기에 앞으로 더욱 다문화가정의 자녀수는 증가하게 될 것이다. 다문화가정 자녀의 경우 유아기에 한국어가 미숙한 외국인 어머니와 함께 생활하게 된다. 다른 문화를 가진 부모 밑에서 생활하는 것은 둘 중 하나의 문화를 선택하는 것이 아니라 두 가지 모두를 수용해야 함을 의미하며, 이러한 과정에서 보다 섬세한 주의를 요하지 않으면 혼란을 겪을 수 있는 요인이 있다. 이는 다문화가정의 특수적인 상황으로 이중문화 스트레스를 촉발시킬 수 있으며, 성장과정에서 정서적인 어려움과 부정적인 자아 인식 등의 여러 가지 문제에 취약한 기반을 시사한다.

다문화가정 자녀에 관한 정부 통계는 다음과 같다.

〈표 2〉 초·중·고 재학 중인 다문화가정 자녀수[7]

구분	초		중		고		계	
	인원	증감(%)	인원	증감(%)	인원	증감(%)	인원	증감(%)
2006	6,795		924		279		7,998	
2007	11,444	68.4	1,588	71.9	413	48.0	13,445	68.1
2008	15,804	38.1	2,213	38.9	761	84.0	18,778	39.6
2009	20,632	30.5	2,987	35.0	1,126	48.0	24,745	31.8
2010	23,602	14.4	4,814	61.2	1,624	44.2	30,040	21.4

출처: 다문화가정 자녀 현황, 교육과학기술부, 2010.

전국의 다문화가정은 경기·서울에 집중되어 있어 그 자녀수들도 경기·서울지역에 전체 자녀수의 30%가 분포되어 있어 산업기반시설이 밀집되어 있는 지역에 편중되어 다문화가정이 형성되어 있는 특징도 살필 수 있다. 이러한 현상은 국제결혼 관례가 과거에는 산업화 영향으로 농어촌 지역에 남은 남성들을 중심으로 제한적으로 국제결혼이 이뤄졌었다. 때문에 농어촌을 중심으로 흔하게 다문화가정이 형성되었으나 최근에는 정부의 다문화 지원정책에 힘입어 지방보다 수도권 지역에 거주하는 분들이 국제결혼을 선호하고 있다. 수도권 지역에는 결혼 적령기를 놓치고 독신으로 살아가고 있는 전문직종 종사자들이 많은 편이다. 대학교수, 엔지니어, 예술인, IT 소프트웨어 개발자, 사업가 등 사회적으로 안정된 지위와 수입을 갖고 있지만 결혼 시기를 놓친 독신남들이 국제결혼을 희망하는 사례가 늘고 있는 현상을 반영한다.

---

7) 교육복지국(2010), "다문화가정 자녀 현황", 교육과학기술부, 2010.10.15

〈표 3〉 지역별 다문화가정 자녀 재학 초·중·고 학생수 및 학교수

구분	학교 수				학생 수			
	초등학교	중학교	고등학교	계	초등학교	중학교	고등학교	계
서울	511	225	102	838	3,108	584	196	3,888
부산	233	97	45	375	978	197	70	1,245
대구	225	65	30	320	606	115	30	751
인천	194	82	48	324	1,171	209	82	1,462
광주	128	50	19	197	567	104	34	705
대전	108	51	19	178	409	98	36	543
울산	90	34	12	136	349	62	19	430
경기	911	377	223	1,511	5,029	1,144	515	6,688
강원	281	106	44	431	1,341	289	77	1,707
충북	199	82	35	316	1,089	241	62	1,392
충남	327	127	65	519	1,565	399	129	2,093
전북	297	71	33	401	1,674	250	75	1,999
전남	343	449	106	898	2,337	449	106	2,892
경북	354	142	42	538	1,475	262	75	1,812
경남	351	153	49	553	1,677	377	103	2,157
제주	75	20	11	106	227	34	15	276
계	4,627	2,131	883	7,641	23,602	4,814	1,624	30,040

출처: 다문화가정 자녀 현황, 교육과학기술부, 2010.

2. 다문화가정 청소년의 현실 문제

한국 내에서 다문화가정이 차지하는 규모는 아직 미미한 수준이기는 하지만 이들 가정이 점차 한국의 지역사회전반에 걸쳐 중요한 의미를 가지게 될 것으로 보인다. 다만 앞으로도 다문화가정은 꾸준한 성장세를 보일 것으로 분석되는 가운데, 이들이 한국사회의 다문화에 적응하기 위해서는 극복해야 할 여러 가지 문제점들이 있다고 본다.

1) 문화적응의 문제

문화적응(acculturation)이란, "문화적 근원이 다른 사람들 간의 지속적이고 집적적인 접촉의 결과로 일어나는 변화"(Redfield, Lintron & Herskovits. 1936; 임지혜·최정화, 2010, 184쪽 재인용)를 일컫는 용어로 정의된다. 이는 물리적 환경의 변화에 반응하여 적응 (adaptation)하는 개념보다 광범위한 것으로 총체적인 환경의 변화를 의미한다. 즉, 개인이 하나의 문화에서 다른 문화를 접촉하게 되면서 겪게 되는 문화적인 변화와 적응과정을 총칭하는 것이다.

현대사회에서 문화적응 과정을 가장 잘 나타내는 집단은 이주자들이라 할 수 있다. 이주자들은 모국어 대신 새로운 국가의 언어를 배워야 하며 법, 제도 생활양식 등에 새로이 적응해 나가야만 한다. 그리고 이 과정에서 심리적 변화와 함께 적응 과정에서 스트레스를 경험할 수 있다. 린·마주다·타주마(Lin,

Masuda, & Tazuma, 1982)는 이주자의 적응을 크게 3가지, 즉 물질적 적응, 사회구조의 적응, 사회문화적 적응으로 구분하고 있다. 우선, 물질적 적응은 새로운 국가에서 거주하는 동안 습득해야만 하는 기본적인 생존기술을 의미하며, 사회구조의 적응은 새로운 곳의 법, 제도, 사회시스템 등에 익숙해져야 하는 것을 뜻한다. 그리고 사회문화적 적응은 언어, 비언어적 의사소통을 배우고 문화적 가치와 기준들을 이해해 나가는 것을 의미한다(Lin, Masuda, & Tazuma, 1982; 김영란, 2007). 물론 앞서 두 문화 간의 접촉을 혼종성의 개념으로 긍정해 나갈 수 있는 이론적 검토를 했지만, 그럼에도 불구하고 이주자들의 문화 간 경험과정을 현실적 차원으로 접근해 나갈 필요 역시 분명하다.

다문화주체 가운데에서도 다문화가정의 문화적응은 한국인 남편과 결혼이주여성 간의 문화적 차이와 충돌의 경험이 자녀의 양육문제까지 영향을 미치고 있다는 점에서 상당히 주지해야 할 부분이다. 자녀에게 있어서 가정환경은 유아 때부터 언어와 문화를 습득하고 사회성을 기르는 데 중요한 역할을 하며 그 가운데에서도 모친과의 상호작용은 매우 중요한 요인이라 할 수 있다. 우선, 다문화가정들이 갖는 근본적인 문제점들 중 하나가 바로 결혼이주자들이 결혼 직후에 직면하는 이중문화에 대한 문화적 충격이다. 한국 특유의 가족 문화는 이들의 정신 내부에 긴장감을 조성하고, 이로 인해 부부와 자녀 사이의 갈등이 야기됨과 아울러 가정 자체가 불안정하게 되는 주원인으로 파악되고 있다. 한국의 다문화가정에서 이런 문화적 갈등이 발생되는 또 다른 이유는 상대방의 문화를 이해하거나 존중하지 못하고 자신과 다른 문화를 내려다보는 한국인 특유의 정서도 한 몫을 하고 있다. 한국의 민족주의는 남성 중심의 가부장제와 맥을 함께 하기 때문에 다문화가정의 여성은 쉽게 배제되고 결국 자녀 또한 어머니의 문화를 수용하지 않으려는 힘든 경우가 발생하게 된다(황정미 외, 2007).

그리고 결혼이주자들의 정체성 형성과정에서 겪는 여러 가지 혼란은 실제적으로 그 자녀의 정체성 형성에도 좋지 못한 영향을 미치는 것으로 조사되고 있다. 이들의 다문화 정체성을 심도 있게 분석한 결과에 따르면 다문화가정의 자녀들은 두 개의 문화가 혼재된 가정교육으로 인해 정체성 형성에 부정적인 영향을 받고 있는 것으로 보고하고 있다. 즉, 다문화가정 자녀는 부모의 서로 다른 가치관과 생활 풍습으로부터 어떤 것을 따라야 할 지 혼란을 겪을 수 있다는 것이다. 이들은 두 나라 문화가 혼재된 가정교육과 한국의 학교교육을 동시에 경험하면서 정체성 형성에 혼란을 느끼게 된다. 또한 이러한 정체성 형성의 혼란은 대인관계의 형성과정에도 부정적으로 작용하며 또래들로부터 놀림을 당하거나 자신감을 잃어 학교교육에서도 주변으로 밀리게 하는 것으로 파악되고 있다(국가인권위원회, 2010).

이러한 다문화가정의 자녀들의 혼란에는 이들이 가지는 현실적인 문제까지 더해져서 이들을 더욱 힘들게 하고 있다. 단적인 예가 이들이 가지는 언어와 외모에서 오는 어려움이라고 할 수 있다. 한국교육개발원에서 수행한 다문화가정 교육실태 분석 연구에서도 한국어를 잘하는 어머니를 둔 다문화가정 자녀가 그렇지 못한 경우의 자녀에 비해 학교생활에 만족도가 높은 것으로 나타났다. 그리고 자아개념이나 또래관계에서도 어머니의 언어능력 및 가족의 교육적 지지가 큰 영향을 미치는 것으로 나타났다(여중철, 2010). 나아가 대부분의 다문화가정 자녀의 부모 중 한 명이 외국인이기 때문에 출생부터 외모의 차이가 있을 수 있다. 이로 인해 이들이 성장하면서 또래 집단으로부터 집단 따돌림을 받을 소지가 충분히 있는데, 실제 국가인권위원회(2010) 실태 조사에 의하면 다문화가정 자녀가 또래 아이들로부터 집단 따돌림을 경험한 비율이 17.6%였으며 이는 외모에 의한 차별을 받은 것으로 드러났다. 이러한 다문화가정에 대한 인식부족은 다문화가정 자녀들의 정상적인 사회성 발달에 악영향을 줄뿐 아니라, 건전한 정체성 형성에까지 부정적 영향을 줄 수 있다는 점에서 심각한 문제가 아닐 수 없다.

2) 사회화 및 교육의 문제

사회화(socialization)란 한 개인이 특수한 자료와 사회적 환경 간의 상호작용을 바탕으로 얻게 되는 인격의 발달로 일컬어진다. 여기에는 사회적 제한상황, 구조, 규범, 가치관, 지식 등이 동반된다. 그리고 사회화는 개인 스스로 획득하는 것이 아니라 기관들이 매개체 역할을 하게 된다. 이때 기관들은 미디어가 해당되고, 사회적 연결고리인 가족, 그리고 특수적 사회화 기관으로 학교도 포함된다. 나아가 사회화 과정은 한 개인이 내용을 배우고 거부하는 과정에 적극적으로 참여하는 일로 정의할 수 있다. 즉, "사회적 환경에 익숙한 한 개인을 형성해 나가는 과정으로써 성숙하고 자율적인 사회적 인간으로 변화해 나가는 총체적 과정"이 사회화인 것이다(문혜성, 2004, 100쪽).

위에서 살펴본 사회화 기관 중 가정은 1차적 사회화 기관으로 분류된다. 가정은 자녀가 태어나자마자 접하게 되는 사회의 기초적 공간이다. 그리고 가족의 구성원이자 보육 파트너인 아버지와 어머니는 자녀의 가치관과 사회화 형성에 가장 중요한 역할을 하게 된다. 그러나 다문화가정의 경우는 일반 가정과는 다른 현상을 보이고 있는 것이 현실이다. 이는 앞서 살펴본 다문화가정의 문화적응 문제와도 일맥상통한다. 대부분의 가정은 어머니의 양육 참여가 상대적으로 높은 편이지만 다문화가정의 경우 어머니가 양육에 덜 관여하는 경향이 있다. 그렇다면 아버지가 양육에 더 적극적이어야 할 필요가 있지만 아버지 역시 그런 역할을 제대로 못하고 있다는 점 문제로 야기된다(구수연, 2010). 결국 아이는 가정의 소속감을 충분히 느끼지 못할 뿐 더러, 학교생활에서도 부정적인 상황을 양산해내는 결과를 초래하고 있다.

사회화의 2차적 기관으로 분류되는 학교기관은 개인에게 특정한 행동과 사고를 발달시키기 위해 의식적으로 진행되는 기관이다. 한국은 2000년에 들어 다문화교육을 지향함으로써 "문화적 소양과 다원적 가치를 바탕으로 품격 있는 삶을 영위하는 사람과 세계와 소통하는 시민, 배려와 나눔의 정신으로 공동체 발전에 참여하는 사람"이란 목표아래 초등학교 저학년부터 다문화교육을 실시하고 있다(이선영, 2010, 83쪽). 한국의 다문화교육은 2006년 이후 급속도의 양적 상승을 보이고 있다. 그러나 질적인 측면과 내부적 상황에 대한 성찰이 제대로 이뤄지고 있는가에 대해서는 부정적인 의견이 많다. 전재영(2011)은 정부 주도의 다문화 교육에 있어서 정책 중재역할의 부재를 문제점으로 꼽는다. 관주도형 다문화정책이 중심이 되는 학교교육은 각 학교의 상황과 특성을 고려하지 않은 채 획일화된 교육을 하고 있는 상황이며 이로 인해 학교 현장에서 제대로 된 다문화교육이 형성되기 어렵다는 것이다. 나아가 정책전담기구의 부재는 비슷한 유형의 사업이 중복적으로 추진되고 있는 혼란을 야기한다는 점이다. 또한 그 내용이 교육적 활동보다는 전시성 행사 위주에 머물고 있다는 점 역시 문제로 지적되고 있다.

그리고 다문화가정의 학생들 역시 학습 고충 등 내부적인 여러 어려움을 겪고 있다. 일반적으로 다문화가정 청소년들이 겪는 학습 고충의 형태는 초등학교 저학년 때는 언어장벽이, 고학년으로 올라갈수록 학습장벽이 주를 이루는 것으로 나타났다. 또한 이들이 중학교에 진학해서는 정상적인 교우관계 형성을 제대로 이루지 못하는 것에 스트레스를 심하게 받는 것으로 조사되었는데, 상급학교로 올라갈수록 이들이 겪는 학습결손과 편견과 차별로 인한 학교 부적응의 정도가 가중되는 것으로 판단된다(이성한, 2006.4.30). 게다가 다문화가정 청소년들은 방과 후의 보충학습이나 사설기관의 학습 참여 역시 어렵다 보니 자연적으로 집에서 보내는 시간이 길어지고 있다. 다문화가정의 부모들은 대부분 맞벌이로 경제 부양을 하고 있기 때문에 자녀들은 대부분 집에서 혼자 혹은 조부모와 함께 일과 대부분을 보낸다. 그러다보니 자연적으로 미디어와 접하는 시간이 많아지고 있다.

미디어 역시 사회화과정에 상당한 영향을 준다. 문혜성(2004)은 미디어가 전달하는 내용은 사회 구성원들의 가치관, 지식, 태도 등을 발달시키는 데에 있어서 상당한 영향력을 행사한다고 설명한다. 미디어, 개인, 사회는 교환적 관계를 구성하며 그 속에서 미디어는 사회 이슈를 결정하는 데 가장 중요한 요소로 자리 잡는다. 그리고 개인은 미디어에서 반영하는 사회 현상을 내면화하면서 개인의 지식, 가치관, 행동을 형성하게 된다. 즉, 미디어는 개인과 사회를 연결하는 매개체 역할을 하면서 개인의 자아형성에 큰 영향을 미치는 사회화 요소가 되는 것이다. 위와 같은 특성상 미디어는 어린이, 청소년 시기에 사회의 가치관을 형성하는 데에 중요한 역할을 하게 된다. 그리고 이 시기는 미디어에 대한 비판적 리터러시를 완벽하게 습득하기 이전의 단계이기 때문에 미디어에서 전하는 메시지를 자신의 행동 가능성 맥락으로 사용하기 쉽다. 그렇기 때문에 청소년들의 미디어 이용은 체계적인 교육과 관리가 필요하지만 실제로는 그렇지 못한 경우가 많다. 특히, 가정과 학교에서 제대로 적응하지 못하고 집에서의 생활이 많은 다문화 청소년들의 경우는 정제되지 않은 미디어 콘텐츠에 무분별하게 노출되기 쉽다. 뿐만 아니라 미디어 이용 시간 역시 부모의 관리하에서 조절되지 못한 채 과도한 이용시간으로 인해 중독 성향이 나타날 경향이 높은 것으로 판단된다.

제2절 다문화가정 청소년의 미디어중독 현상

1. 미디어중독 개념과 요인들

예전에 볼 수 없었던 새로운 형태의 중독현상들이 사회의 변화와 함께 등장하고 있다. 일반적으로 중독(addiction)은 약물, 술, 담배 등과 같은 물질과 관련을 갖는다. 그러나 현재는 약물 등에 의한 중독과 함께 비화학물질에 의한 행위 중독이 새로운 사회적 문제로 대두되고 있다. 예를 들어 일중독, 쇼핑중독, 도박중독, 스포츠중독, 그리고 미디어중독인 텔레비전 중독, 인터넷중독, 컴퓨터게임중독, 휴대전화중독 등이 바로 그것이다.

중독 개념은 정신의학 및 심리학에서 주로 연구되어 왔다. 의학적 측면에서 중독은 물질사용 장애와 충돌조절 장애를 포함한다. 즉, 중독의 원인이 되는 물질을 끊었을 때 정신적, 심리적으로 심각한 장애를 일으키며 통제가 불가능한 상태가 되는 것을 의미한다. 한편, 심리학 측면에서 중독은 심리적 변화를 설명한다. 여기서 심리적 변화는 개인의 생활패턴을 설명하는 행위지표로 정의된다. 즉, 위 분야에서의 중독은 자신의 욕구와 행위를 통제하지 못하는 상황, 의지 상실을 의미하는 것이다(강진숙, 2011). 최근 들어 중독의 개념을 사회과학에 적용하여 사회현상들을 설명하고 있는데, 사회과학자들은 약물섭취와는 무관한 많은 행동들을 잠재적으로 중독으로 간주하면서 관련 현상을 추가적으로 다루고 있다. 그리고 최근에는 미디어중독에 대한 사회적 우려가 높게 나타나고 있다.

중독의 전형적인 현상이 중독 물질이나 행위에 빠져든 사람이 자신을 통제하기 힘들거나 불쾌한 정서를 경험하면서도 계속적으로 그것을 이용하거나 지속하는 상태를 의미한다는 차원에서 미디어중독이란 미디어에 대한 이용자의 과다한 사용으로 정신적·신체적인 의존을 하게 되고 개인의 조절 및 통제능력이 상실되어 심리적·신체적·사회적 그리고 직업적 문제들을 일으키는 것으로 정의할 수 있다. 그리고 미디어중독은 어느 한 가지 요인만으로 드러나는 것이 아니라 무수히 많은 요인들이 결합하여 나타나는 현상이다. 나은영(2005)은 미디어중독의 요인으로 자존감·충동성·우울감·자기통제력·가족관계·현실도피·스트레스 해소 등이 복합적으로 관계를 맺으며 복합적으로 상호작용 하는 과정에서 중독이 발생한다고 설명한다. 우형진(2007a)은 이용자가 미디어를 사용하는 과정에서 느끼는 재미와 흥미로 인해 몰입과정을 겪게 되고, 그 이상의 즐거움을 탐닉하기 위한 수준의 단계를 넘어설 때 미디어에 중독이 되었다고 판정한다. 그 외에도 미디어 콘텐츠 자체의 특성과 환경적 요인 등도 함께 결합된다. 결국, 미디어중독은 개인의 심리적 특성과 미디어가 자체적으로 가지고 있는 특성, 미디어 콘텐츠의 특성, 미디어 이용자가 속해 있는 환경요인 등의 영향을 받아서 나타나는 것으로 볼 수 있다.

2. 미디어중독 실태

　정보통신정책연구원(2009)에 따르면, 하루 24시간 중에 수면과 식사 등의 필수시간은 평균 7시간 39분으로 나타났고 나머지 16시간 21분을 일상 활동시간으로 간주할 때 미디어 이용도는 전체 일상 활동시간의 76.2%인 12시간 27분인 것으로 조사됐다. 일상 활동에 이용되는 미디어의 구성을 보면 데스크톱PC를 통한 고정형 인터넷이 6시간 53분(42.1%)으로 가장 높았고 TV 시청이 2시간 23분(14.6%), 휴대폰과 노트북PC 등 모바일(10.4%), 유선전화(5%), 라디오(4.1%) 순으로 나타났다. 그리고 오프라인에서의 실제 활동은 약 3시간(18.6%), 신문 잡지는 5.2%에 그쳤다.

　최근 미디어 활용은 일상의 전부라 해도 과언이 아니다. 미디어중독과 관련해서는 어떠한 변인들이 미디어중독에 영향을 미치는지에 대해 미디어별로 구분을 하여 연구를 실행하고 있다. 이러한 연구들을 통해 미디어중독이 갖는 심리적·경제적·사회적 의미들을 찾는 결과들이 도출되기도 하였다(박웅기, 2003; 예종석·김동욱, 2003; 주정민, 2006; 한주리·허경호, 2004). 그러나 대부분의 미디어중독 연구는 미디어중독에 대한 과정을 전체적으로 포괄할 수 있도록 보편적 이해를 전제로 하는 연구가 진행되었다기보다는 각각의 개별 미디어에 대한 미디어 이용자의 중독 상태, 미디어중독의 세부 구성요인, 미디어 이용시간과 설정된 중독 지수와의 관계 등을 파악하는 데에만 집중해 온 경향이 강하다.

진행된 연구로는 미디어 이용자의 자아성향과 휴대폰중독 구성요인 간의 관계(우형진, 2007a), 온라인게임 몰입의 긍정적인 요소(김양은·박상호, 2007a), 온라인게임 몰입과 중독의 관계(김양은·박상호, 2007b), 미디어 이용자의 자아안정성, 이용 동기, 플로우와 중독의 관계(우형진, 2007b) 등이 있다. 이와 같이 미디어중독 연구의 범위가 다소 확장되고 있지만, 미디어중독에 대한 전체적인 범주를 다루지 못하고 있는 것은 물론 특수한 계층인 다문화가정에 대한 미디어중독 실태 연구 역시 전무한 실정이다. 따라서 시대적 흐름과 다매체 환경에서 미디어중독 현상이 나타나는 전체적인 과정을 다시 고찰할 필요성이 있어 보이며, 그 과정에서 다문화가정의 청소년들에 대한 미디어중독 연구의 방향성 역시 제시될 수 있으리라고 판단된다.

행정안전부(2011)의 "2010년도 인터넷 중독 실태조사" 결과에 따르면, 한국 만 9세부터 39세까지 청소년 및 성인의 인터넷 중독률은 8.0%(중독자수 1,743천 명)로 나타났다. 이 중에서 청소년 중독률(12.4%)은 성인 중독률(5.8%)의 두 배 이상 높아 청소년들의 인터넷 중독이 심각한 것으로 나타났다. 초·중·고등학생의 인터넷 중독률은 각각 13.7%, 12.2%, 10.0%(각각 329천 명, 241천명, 222천 명)이며, 성인 인터넷 중독률은 20대가 8.0%(546천 명), 30대는 4.0%(319천 명)로 나타났다.

〈표 4〉 인터넷 중독 현황

구 분	초등학생	중학생	고등학생	20대	30대
중독률(%)	13.7	12.2	10.0	8.0	4.0
중독자수(천명)	329	241	222	546	319

출처: '청소년 인터넷 중독률 성인의 두 배' 보도자료, 행정안전부, 2011, 1쪽 재인용.

이번 조사결과를 전년도와 비교하여 살펴보면, 전체 인터넷 중독률은 전년도 대비 0.5% 하락('09년 8.5%→'10년 8.0%)했으나, 초등학생 중독률은 전년대비 2.9% 상승하여 인터넷 중독 연령 대가 급속히 낮아지고 있는 것으로 분석되었다. 한 부모가정 의 고위험자군(7.3%)이 양부모가정(3.0%) 보다 2배 이상 높으며, 다문화가정의 중독률(37.6%)은 일반가정(12.3%)보다 3배 이상 높 은 것으로 나타났다. 금년에 처음 실시한 스마트폰 중독률은 11.1%이나, 이 중 대부분(11%)은 잠재적 위험 사용자인 것으로 나타났다(행정안전부, 2011). 예컨대 국내의 인터넷 카페에서 발생 한 이용자의 심폐기능 이상으로 인한 10여 건의 사망사건과 게임과 관련된 살인 사건 등은 인터넷과 같은 미디어의 과다 사용이나 병리적 사용이 초래할 수 있는 극단적인 경우라고 볼 수 있을 것이다(고영삼, 2009). 국내에서 현재 청소년 중 약

57만 명이 인터넷 중독 증상을 보이고 있으며 또 치료가 필요한 이들 중 약 80%는 향 정신 약물치료가 필요하며 약 20%에서 24%는 입원치료가 필요하다고 밝히고 있다(박병일, 2012.1.3). 우리 사회는 이미 인터넷 중독과 같은 비정상적인 미디어 사용 행위를 공중 보건을 심각하게 위협하는 문제로 간주하게 되었다고 볼 수 있다.

그리고 현재 다문화가정 청소년의 인터넷 중독률이 일반가정의 청소년 중독보다 심각한 것으로 나타났다. 한국정보화진흥원(2010)의 2010년 인터넷 중독 실태조사에 따르면 일반가정 청소년의 인터넷 중독률은 12.3%인데 비해 다문화가정 청소년의 중독률은 37.6%로 나타났다. 물론 위 자료의 다문화가정의 조사 사례수가 현저하게 적기 때문에 일반화시키기엔 위험이 있다. 그럼에도 불구하고 본 자료가 실효성을 갖는 이유는 현재 다문화가정 자녀의 연령층이 아직은 아동인 경우가 많지만 향후 이들이 청소년기에 접어들 경우 이들의 미디어중독 실태를 가늠해 볼 수 있는 지표가 되기 때문이다. 그런 의미에서 다문화가정 청소년들의 올바른 미디어 이용을 위한 교육은 시급히 진행되어야 할 필요성이 있다.

3. 미디어중독에 대한 미디어교육의 필요성

앞서 우리는 미디어중독은 일반적으로 생각하는 미디어의 과다이용 차원을 넘어 개인의 정서적 차원과 환경적 차원 그리고 미디어 특성 등이 함께 작용하여 영향을 미치고 있음을 확인했다. 따라서 미디어중독에 대한 교육은 단순히 미디어 이용 시간을 줄이기 위함이 아닌 미디어 이용자들의 사회, 문화적 측면 그리고 정서적 측면까지 함께 고려하는 심층적 차원의 교육으로 진행되어야 한다. 하지만 아직까지 미디어중독 관련 교육은 예방적 차원에 머물고 있는 현실이다.

한국에서 개발, 시행된 미디어중독 예방교육 프로그램을 살펴보면, TV중독, 인터넷·게임중독 예방교육이 다른 미디어에 비해 두드러지게 많이 이루어지고 있다. 특히 인터넷·게임 중독 예방 프로그램은 초·중·고등학교 등의 교육 현장에 기반을 두어 학교 교과과정과 연계한 수업, 재량활동수업, 특별활동수업 등에서 운영되는 사례를 볼 수 있었다(허경호 외, 2008). 하지만 위 교육들은 대부분 미디어 이용 절제, 중독 폐해 등을 강조하는 예방차원의 교육에 머물러 있을 뿐 아니라 공교육 시스템 안에서 이뤄지기 때문에 교육자의 전문성이 떨어진다는 평가가 있다(윤영태, 2009). 그리고 청소년들의 심리적, 정서적인 측면을 고려하기 보다는 미디어의 이용과 자제에 대한 교육으로 획일화되어 있다는 점도 문제점으로 지적된다.

위와 같은 점을 고려했을 때, 미디어중독에 대한 교육은 보다 다차원적으로 진행되어야 한다. 그 중 미디어 능력의 확장을 위한 미디어교육은 절실히 필요하다. 여기서 미디어 능력은 "미디어를 비판적으로 이해하고 능동적으로 이용하며, 혁신적이고 창의적으로 구성·제작할 수 있는 능력"으로 정의된다 (강진숙, 2005, 61쪽). 즉, 미디어에 비판적으로 접근하며 올바르게 이용하고 사회와의 소통을 꾈 수 있는 제작능력을 고양하기 위한 교육이 이뤄져야 하는 것이다. 이는 단순한 미디어 이용자제 차원을 넘어서 전체 미디어 영역을 배워나갈 수 있는 기회를 제공한다.

나아가 교육 참여자 집단을 세분화 시키고 이들의 사회, 문화적 상황과 정서적 차원을 함께 고려해 나갈 필요성이 제기된다. 특히, 앞서 우리는 다문화가정 청소년들의 문화적응과 사회화 과정에서 겪는 부정적 경험들을 고찰하였다. 그리고 이 과정에서 다문화가정 청소년들이 정제되지 않은 미디어 콘텐츠에 무분별하게 노출될 뿐 아니라 미디어 이용 시간 역시 제대로 조절할 수 없는 위험성이 높은 것으로 판단되었다. 나아가 실제로 다문화가정 청소년들의 미디어중독률이 일반가정 청소년보다 높은 것으로 나타났다. 이는 다문화가정 청소년들의 미디어중독예방을 위한 교육의 당위성을 드러내는 결과이기도 하다. 따라서 다문화가정 청소년들의 미디어중독 예방을 위한 교육은 시급히 계획, 진행될 필요가 있다. 다만, 다문화 청소년들의 특성을 고려한 바, 미디어중독 치료 및 예방을 위한 교육으로 국한되어서는 안 된다. 이미 미디어중독의 원인으로 이용자들의 정서 및 문화, 사회적 측면이 복합적 요인으로 작용하고 있음을 확인했다. 따라서 다문화가정 청소년의 미디어중독 예방을 위한 교육은 참여자들의 환경적 특성을 고려하는 근본적이고 다차원적인 교육으로 진행되어야 한다. 즉, 미디어교육과 다문화교육의 교차작업이 강화되어야 하는 것이다.

제3절 다문화가정 청소년의 미디어교육

1. 다문화가정 청소년 참여 미디어교육 현황 및 쟁점

1) 미디어교육의 개념과 의미

미디어교육의 개념은 1964년 유네스코에 의해서 처음으로 제기되었으나 최초의 공식적인 정의는 1973년에 내려졌다. 유네스코에 의하면 "미디어교육은 사회에서 미디어가 점유하고 있는 위치, 미디어의 사회적 영향력, 적극적인 미디어 수용자세 확립, 미디어가 전달하는 내용의 수용양식에 참여하고 수정하는 것, 미디어에 대한 접근권과 미디어의 창조적인 작업의 역할 등을 연구하는 것"으로 정의할 수 있다(이정춘, 2004, 56쪽). 하지만 미디어교육에 대한 본격적인 논의는 1980년대부터 시작되었으며, 유럽을 중심으로 부정적인 문화·도덕·이데올로기적 미디어의 영향에 대응하기 위한 '보호주의(protectionism)'에서 제기되었던 것이 사실이다. 이러한 입장에서는 미디어에 대한 능동적이고 창의적인 이용을 장려하기 보다는, 미디어의 부정적인 생산물로부터 시청자를 보호하고자 하는 논의가 주를 이루었다.

〈표 5〉 미디어교육의 다양성

용어	출처 및 내용
미디어 리터러시	■ 문자해독에 대한 개념에서 출발→문자를 읽고 쓰는 능력, 즉 문자신호체계를 터득하여 메시지를 문자신호로 만들 수 있고 신호를 해독할 수 있는 능력
텔레비전 리터러시	■ 목표-텔레비전 영상 매커니즘의 이해 ■ 행동목표-카메라, 조명 등의 조작을 이해하고 그들의 ■ 시각적 사고를 통해 텔레비전의 표현양식으로 영상화할 수 있는 실기훈련 위주 ■ 문자해독의 관점에서 이해 가능
텔레비전 이해훈련	■ 미국의 MARC(Media Action Research Center) ■ 종교단체-시민운동의 형태 ■ 목표-미디어와 사회에 대한 보편적 이해 ■ 행동목표-수용자들의 시청습관 변화
비판적 시청기술	■ 문화비평의 맥락 ■ 목표-비판적 사고함양 ■ 텔레비전 이해훈련과 텔레비전 리터러시의 전제를 통해 가능 ■ 문화비평 분야의 전문가 중심의 용어 ■ 앞서 살펴본 개념들의 종착지
커뮤니케이션 능력 배양	■ 독일 주중심의 유럽식 미디어교육으로 미디어능력을 배양하기 위한 교육이라는데 합의 ■ 기술적 능력/문화적 능력/사회적 능력/비판적 능력

출처 : 『미디어교육론』(56쪽), 이정춘, 2004, 파주:집문당

하지만 이러한 개념은 미디어 이용자의 능동적인 측면이 강조되고, 커뮤니케이션 기술이 발달함에 따라 변화하게 된다. 따라서 미디어교육은 포괄적인 의미에서 문자해독과 비슷한 의미로 사용되는 '미디어 리터러시', 미디어의 내용을 분별력 있게 수용하는 능력인 '비판적 시청기술', 영상제작을 통한 '창조적 미디어 활용교육'을 포함하게 된다(안정임·전경란, 1999). 그리

고 이러한 미디어교육의 용어적 다양성은 시대적 배경과 관심 영역 그리고 관련기관들에 따라서 다양하게 사용되어 온 것이 사실이다(〈표 5〉). 이 표에서 확인할 수 있는 것처럼 미디어교육은 미디어의 생산물을 비판적으로 '읽어'내어 그 부작용을 최소화하는 데서 시작하여, 이용자 스스로 자신의 미디어생산물을 창작하고 사회 및 개인과 소통하는 미디어 능력을 함양하기 위한 방향으로 진행되고 있다.

이러한 맥락에서 강진숙(2007)은 미디어능력이 미디어에 관한 지식과 비평의 측면뿐 아니라 이용과 제작이라는 행위적 측면까지 포괄적으로 다루는 개념이라는 점에 동의하고 있다. 유사한 맥락에서 김기태(2007)는 미디어교육이란, 올바른 미디어의 이해 및 수용교육인 동시에 주체적인 창조 및 활용교육이기 때문에 인간의 필요에 의해 만들어진 미디어를 인간 스스로 적극적으로 활용할 수 있는 능력을 기르는 교육이라고 정의하면서, 현대사회의 지배적 환경이 되어버린 미디어환경이 오히려 인간을 지배하고 심지어는 파괴에 이르게 하는 경우도 생겨나는 데 대한 적극적인 대안 마련임을 주장한다.

이러한 관점에서 다문화가정 청소년을 참여주체로 하는 '미디어교육'은 다문화가정 청소년이 처한 특수한 환경적 맥락을 고려하여 이들의 올바른 미디어 이용습관과 미디어 내용에 대한 비판적 읽기, 그리고 미디어이용과 제작능력까지를 포함하는 개념이 될 수 있다. 이는 분명 드라마나 영화 등의 미디어 생산물을 이용하여 다문화가정의 한국사회 적응을 돕고 언어

능력을 발전시키려는 '미디어를 활용한 다문화 교육', '미디어를 활용한 다문화가정 언어교육'과는 다르고, 미디어의 영상—청각적 요소를 이용하여 학습능력을 개발하려는 '미디어를 활용한 교육'과는 구별될 것이다. 하지만 다문화청소년의 미디어중독을 해결하기 위한 거시적인 맥락 속에서 이러한 개념들이 포함하고 있는 현 상황을 살펴보고 논의되어야 할 필요가 있다. 이 과정이 필요한 이유는 다문화와 미디어교육이 만나는 지점에서 나타나는 혼란스러운 개념에 대해 살펴봄과 동시에, 이러한 개념들이 진행되고 있는 기관이나 프로그램을 확인하여 다문화가정 청소년의 미디어중독을 예방하기 위해 필요한 기본적 자원을 탐색하는 작업이 필요하기 때문이다.

2) 다문화미디어교육에 대한 논의 및 쟁점

현재 다문화가정 청소년을 대상으로 한 미디어교육의 현황을 탐색한 선행연구는 전무하다. 그나마 미디어교육 방면으로는 미디액트 등의 미디어교육센터에서 이주민과 다문화가정을 대상으로 하는 미디어교육이 진행되고 있지만 교육의 목표와 방법에 대해선 정리와 논의가 이뤄져야

한다. 여기서 우리는 다문화교육과 미디어교육의 연계성에 대해 고찰할 필요가 있다. 현재 다문화미디어교육이란 명칭 아래 두 기제를 혼용하고 있지만 두 개념의 연계성을 고찰하는 작업은 다문화미디어교육의 정당성을 구축하는 데에 초석이 될 것이다.

현재 한국에서의 다문화교육은 한국어 및 한국문화 교육에 국한되어 있다. 그러나 그 자체를 다문화교육이라고는 볼 수 없다는 의견이 지배적이다. 뱅크스(Banks)는 다문화교육이 특정 인종, 집단 등의 소수자 교육으로 국한되는 것이 아니라 소수자와 다수자 모두가 교육에 참여하면서 다양성을 길러나가는 총체적인 교육개혁운동이어야 한다고 주장한다(Banks, 2007; 전경란, 2011, 103쪽 재인용). 즉, 다문화교육은 특정 대상을 위한 교육이 아니라 모든 학생들이 서로의 차이와 특수성을 이해하고 함께 능동적인 시민으로 성장하는 데에 그 목표가 있는 것이다. 그리고 뱅크스의 논의 가운데 가장 중요하게 다루어져야 할 부분이 바로 개인들로 하여금 다른 문화의 관점을 통해 자신의 문화를 바라보게 함으로써 자기이해를 증진시키는 데에 있다는 것이다. 이를 위해서는 다문화교육이 학생들에게 문화적·민족적·언어적 대안들을 가르치는 데에 초점을 두어야 하며, 이것의 궁극적인 목적은 모든 학생이 자문화·주류문화·그리고 타문화가 공존하는 다문화사회에서 요구되는 지식과 기능·태도를 습득하도록 하는데 있다는 것이다(양영자, 2008).

여기서 미디어 역할의 중요성이 대두된다. 앞서 우리는 미디어 콘텐츠가 개인들의 가치관, 지식, 태도 등을 발달시키는 데에 상당한 영향력을 행사하는 사회화 기관임을 이론적으로 확인했다. 그렇다면 미디어가 다문화사회를 어떻게 반영하고 있는가는 반드시 짚고 넘어가야 할 부분이다. 그러나 국내의 미디어를 살펴보면 다문화주체들의 삶을 타자화하고 시혜적

대상으로 담아내고 있음을 알 수 있다. 김세은·김수아(2008)는 이주노동자에 대한 보도방식을 연구한 결과 관용, 온정주의적 보도 방식에 머물고 있음을 비판했으며 이희은·유경한·안지현 (2007)은 TV 광고에 나타난 다문화주의를 분석한 결과 한국문화의 동화전략과 함께 인종주의를 전략적으로 강화시키고 있다고 설명한다. 이와 같은 다문화의 재현이 모든 사회구성원들에게 영향을 미치고 있음을 감안한다면 결국 미디어는 다문화라는 포장 아래 이주민, 인종, 타문화로 이분법화 하고 주변화 시키는 부정적 요인으로 머물 수밖에 없다.

따라서 다문화 미디어교육은 그 필요성이 대두된다. 다문화교육의 목적이 차별과 편견을 지양하고 차이와 특수성의 이해에 있음을 고려할 때, 미디어를 올바르게 이해하고 비판적으로 접근하는 능력, 그리고 능동적인 미디어 이용과 제작을 위한 미디어교육은 필수적이라 할 수 있다(안정임 외, 2009). 미디어교육의 목표는 궁극적으로 창의적인 자기표현 능력과 민주시민으로서의 자율성을 함양하는 것으로 확장된다. 미디어교육은 자본·정치적 상황 등에 따라 미디어가 어떻게 작용하는지를 간파하는 능력을 키워야 하며, 나아가 미디어교육의 목표가 진정한 민주시민을 양성하는 것이 되어야 한다고 본다. 미디어교육이 미디어 내용에 대한 비판적 해독 혹은 비판적 수용을 넘어 이제는 한 사회의 문화적 현상을 이해할 수 있는 능력은 물론 수용자에게 힘을 부여함으로써 민주적이고 해방적인 변화를 추구하는 문화·정치적 의미까지 포괄하는 등 그 자체로 이미 광범위한 의미를 담고 있는 것이다. 이러한 미디어교육의 목표는 다문화교육의 목표와 일치함을 확인할 수 있다.

이런 의미에서 현재 한국 내에서 다문화가정 청소년에 대한 미디어교육의 쟁점의 핵심은 이들로 하여금 과거의 집단성 보호를 여전히 강요하고 있는가 하는 점이다. 그리고 자신의 의견을 자유롭게 표현할 수 있는 분위기 속에서 자신이 가진 고유한 가치를 상실하지 않은 채로 교수자 및 학습 동료, 그리고 한국의 또래집단과 소통을 하고 있느냐는 사실에 달려 있을 것이다. 그동안 다문화정책 입안자들이나 교육 주체들이 다문화가정이 가지는 특수성을 지나치게 의식한 나머지 교육적인 측면에만 국한하여 미디어를 활용하려고 했고, 결과적으로 이들이 지니는 독특한 다문화성 내지 소수성을 억누르는 역효과를 초래했다.

현재의 관 주도의 미디어교육 시스템으로는 다문화가정 청소년들이 미디어교육과정을 이수한 뒤 한국사회와 적극적으로 소통할 수 있고, 사회의 구성원으로 자리매김할 수 있을 것이라는 전망을 내놓기 어렵다. 기존의 다문화 미디어교육 과정이 수용인원이 채워지지 않으면 폐지된다든지, 일회성 이벤트로 기획된 면이 없지 않아 있었다는 점과 교육수요자들을 수동적으로 기다리는 측면으로 인해 그 교육 효과가 매우 의심스러웠다. 더욱이 다문화가정 청소년들의 일반적인 연령이 아직 어리다는 점을 감안한다면, 현재 정부나 정부지원단체가 운영하는 다문화 공공 프로그램은 너무 성인 위주로 편성되어 있다는 느낌을 지우기 어렵다. 그동안 대표적인 공공미디어 매체라고 여겨져 왔던 미디액트(Mediact) 역시 다문화가정의 저 연령층 아동들이 이용하기에 벅찬 상태였으며, 그나마 극히 제한적이었던 다문화가정을 위한 프로그램마저 폐지되었고, 지방 미디어센터들은 현재 재정난에 봉착해 있는 것으로 알려져 있다. 미디어 매체의 활용이 다문화가정의 저 연령층에게 호감을 갖는 이유는 명백하다. 좁은 강의실에서 권위를 가진 강사에게 일방적으로 교육을 받는 것이 아니라 이들에게 비교적 익숙한 다양한 미디어매체를 활용한 교육이라는 점과 특히 인터넷 공간 활용의 극대화를 고려한 프로그램을 시행할 수 있다는 장점이 있기 때문이다. 최근 다문화가정의 청소년이 참여하는 미디어교육에 대한 긍정적인 사례들이 더러 나타나고 있다는 점이 이런 사실을 증명하고 있다.

2. 다문화가정 청소년 참여 미디어교육 사례와 의미

'다문화가정', '다문화 교육', 그리고 '다문화 여성과 청소년' 등의 사회적 담론들은 이주민을 '불법 체류자' 내지 '동질화될 수 없는 이방인'으로 규정했던 배타적 시각에서 벗어나 보다 열린 사회적 관심과 인식의 전환을 필요로 하고 있다. 그러면, '다문화'라는 화두가 사회적으로 중요하게 제기된 계기는 언제부터인가라는 물음이 가능하다. 이에 대해서는 여러 가지 다양한 의견이 존재하지만, 일반적으로 2003년 이후 농촌 청년들의 국제결혼이 증가했다는 점에서 발견된다. 물론 그 이전에도 '다문화' 개념은 학계에서도 중요한 담론의 한 축을 이루어 왔지만, 국제결혼의 증가는 교육정책적 문제에 직결된 정책적 관심사로 부상하였기 때문이다. 예컨대, 2010년 이후 다문화가정의 청소년들이 대거 초등학교에 진학할 것으로 예측되면서 이주민 교육정책은 더 이상 뒤로 미룰 수 없는 현안이 된 것이다. 이 때문에 시민사회단체들과 연구자들에 의해 주로 사용되어 왔던 '다문화' 담론은 정부의 정책적 측면뿐 아니라 미디어교육 현장에서도 주요하게 다뤄지고 있는 것이다. 소위 '다문화 미디어교육'이 그러한 사례이다.

미국의 경우는 소수인종이나 도시빈민, 이민가정 자녀들을 위한 미디어교육프로그램이 시민단체와 정부 후원 교육기관을 중심으로 활발하게 이뤄지고 있다. 미국은 언어, 문화적인 차이로 인해 미국 사회에 대해 괴리를 느끼고 있는 학생들에게 미디어 속에 재현된 스테레오타입을 분석해 봄으로써 다양한 사회구성원에 대한 지식을 얻을 수 있도록 하고 있었다. 예를 들어 특정 직업과 인간관계 등이 미디어에서 어떻게 묘사되고 현실과의 차이는 어떠한지, 그리고 이민자와 이민가정이 드라마·영화·뉴스 등 다양한 장르 속에서 어떻게 비슷하게 혹은 다르게 묘사되고 있는지 공부할 수 있도록 하는 것이다. 이와 관련해 바거스(Vargas, 2006)는 미국에 거주하는 남미 출신 여학생을 대상으로 한 미디어교육 결과 여성성에 대한 학습과 자신의 정체성을 확립하는 과정에 미디어가 중요한 역할을 하고 있다고 설명했다. 즉, 미디어교육을 통해 사회 구성원들의 재현 과정을 공부하면서 현 사회에 대한 심층적이고 포괄적인 이해를 가능토록 하는 것이다. 나아가 할리우드, 미국 드라마 등에서 중동지역이 어떻게 재현되고 있는가에 대한 분석결과를 미디어교육 교재 개발로 연결, 고등학교 사회과 수업에 활용하고 있는 것으로 알려진다(안정임·전경란·김양은, 2009).

한편, 국내의 경우 다문화 미디어교육이 공교육의 일환으로 실행되는 것은 전무하여 대부분 전국미디어센터와 미디액트 등에서 주로 이뤄지고 있다. 미디액트는 안산의 '코시안의 집' 학생들과 2년간의 미디어교육을 진행했으며 2007년에는 문화예술교육진흥원의 지원 아래 이태원 보광초등학교의 다문화가정 자녀를 대상으로 교육을 진행했다. 그러나 실제 교육현장에서는 교육에 참여한 학생들 11명 모두가 비(非)다문화가정 학생이었으며, 카메라와 캠코더 촬영법 학습을 바랄 뿐 다문화에 대한 고민은 많지 않았던 것으로 나타났다(박혜미, 2008). 한편, 고양시 다문화가족지원센터 미디어팀이 한국전파진흥원과 손을 잡고 2009년 10월에 실시한 미디어 교수법 강의 및 실습은 다수의 다문화가정의 부모와 청소년이 직접 참여했다는 의미에서 주목을 받은 바 있다. '디지털 카메라를 이용한 자기 메시지 전하기'를 주제로 한 이 미디어교육은 다문화가정의 부모와 청소년들에게 비교적 친숙한 미디어인 디지털 카메라를 이용하여 자신의 일상의 삶과 가족의 삶을 인터넷상에 공유할

수 있게 함으로써 미디어 매체에 대한 두려움을 떨쳐내고 자
발적으로 인터넷 네트워킹을 할 수 있는 기초능력을 배양케 했
다는 평가를 받은 바 있다(안정임·전경란·김양은, 2009).

각 미디어단체의 교육성과가 상이하게 나타나는 데에는 아
직까지 다문화미디어교육에 대한 교육목표와 교육 프로그램에
대한 체계적인 정립이 이뤄지지 않고 있기 때문이다. 다문화
가정의 정체성을 어떻게 규정하고 있는지, 그리고 다문화가정
을 위한 미디어교육 프로그램이 다른 사회구성원들, 즉 비(非)
다문화가정과 분리된 채 운영된 것은 아닌지, 그리고 다문화미
디어교육의 궁극적 목표는 어디에 두고 있는지 등에 대한 성
찰이 요구된다. 다문화가정의 정체성과 미디어교육 프로그램,
그리고 목표는 비(非)다문화주체들을 배제한 채 이루어질 수
없다. 다문화가정의 여성과 어린이들을 보호주의적 관점에 의
존하여 고립적이고 배타적으로 교육을 진행할 경우, 다른 사회
구성원들과의 유대 경험이 부재한 반쪽자리 학습이 이루어질
수 있기 때문이다. 즉 다문화가정의 개인적, 사회적 특수성에
기반한 맞춤형 다문화미디어교육은 필요하지만, 그것은 비(非)
다문화가정의 여성과 어린이 등이 공동으로 참여하는 교육프
로그램과 실험들을 통해 구성될 필요가 있는 것이다.

현재까지 진행된 다문화미디어교육에 대한 선행연구 역시
이론적 개념과 틀을 구성하고(강진숙, 2009), 간헐적으로 진행되
는 다문화미디어교육에 대한 사례연구(김기태, 2011; 전경란, 2011)
가 전부이다. 이러한 상황에서 다문화가정 청소년으로 특성화

하는 미디어교육의 심층적 연구와 진행을 바란다는 것은 시기 상조라 비판받을 수 있다. 그러나 앞선 자료에서도 검증한 바와 같이 이들의 미디어중독 상태가 날로 심각해지고 있는 가운데에 미디어에 대한 비판적 리터러시를 키우고 이들의 미디어 이용, 제작능력을 고양시킬 수 있는 미디어교육의 진행은 필수적이다. 이러한 맥락에서 본 연구는 다문화가정 청소년들의 미디어중독 상황과 원인을 탐색하고 나아가 미디어중독 예방과 함께 이들의 미디어 능력을 확장시켜 나갈 수 있는 미디어교육의 방안에 대해 고민해 나갈 것이다. 이를 위해 다문화 및 다문화미디어교육 전문가와 다문화가정 부모들과의 그룹인터뷰를 진행하여 가정과 교육현장의 생생한 의견과 제언을 수렴하고자 한다.

제 4 장

다문화가정 청소년 미디어교육 연구

이 책은 다문화가정 청소년의 미디어중독 현실을 탐색함과 동시에 올바른 미디어 이용을 위한 방안을 모색하는 것에 있다. 앞서 살펴본 바에 의하면, 한국의 다문화주의는 1990년대 세계화라는 변화 추세에 따라 유입을 시작으로 현재는 다문화의 단순 이해 차원을 넘어 다인종 사회로의 전환의 시점에 와 있다. 또한 한국적 특수성을 간과한 서구 다문화주의의 답습과 통합에 치중된 실용적 정책은, 다문화사회의 현실에 대한 복합적 관점에서의 고민이 필요함을 시사한다. 이러한 측면에서 인종적·문화적으로 복합적인 다문화가정 청소년의 미디어중독 문제는 사회·문화·정서적 측면까지 고려한 심층적인 측면에서의 이해가 필요하다.

한편, 미디어교육은 미디어 이용자가 미디어의 생산물에 대한 이해 및 비판적 시청 기술을 비롯해, 미디어 생산물을 이용한 창작과 이를 통해 소통하는 미디어 능력을 기르게 한다. 그리고 이러한 관점에서 다문화가정 청소년을 참여주체로 한 미디어교육을 통해 미디어중독을 예방하고, 나아가 이들의 차이를 올바르게 인식하는 데 목적이 있다. 이를 위해 자녀를 두고 있는 다문화가정 부모를 포함하여, 다문화관련 전문가 및 다문화 환경 관련 미디어교육 전문가와의 심층인터뷰를 통해서 다문화가정 자녀 미디어교육의 방향과 대안적 가능성을 도출하고자 한다. 이에 본 연구는 다음과 같이 크게 세 가지 연구문제를 설정하였다.

연구문제1 : 다문화가정 청소년들의 미디어중독 현상은 어떻게 나타나는가?

우선 본 연구는 다문화가정 청소년들의 미디어중독 현상이 구체적으로 어떻게 나타나는지를 확인하고자 하였다. 이를 위해 다문화가정 청소년들이 주로 이용하는 미디어는 무엇인지, 미디어를 통해 어떠한 내용을 주로 접하고 있는지, 어떠한 상황에서 미디어를 사용하는지 현상적으로 확인하고자 한다. 또한, 이들의 미디어중독은 어떠한 특징을 갖고 있으며, 이들에게 어떠한 영향을 미칠 수 있는지 살펴본다. 이를 통해 미디어중독의 구체적인 모습을 탐색하고 다문화가정 청소년들에게 어떠한 영향을 미칠 수 있는지를 확인하여 그 대안을 모색할 수 있는 실마리를 찾고자 한다.

연구문제2 : 다문화가정 청소년들의 미디어중독 현상이 나타나는 이유는 무엇인가?

연구문제 1에 이어서 연구문제 2에서는 다문화가정 청소년들의 미디어중독 현상이 나타나는 이유에 대해 탐색하였다. 앞서 살펴본 바와 같이 다문화가정 청소년들은 그렇지 않은 가정의 청소년에 비해 일정부분 특수한 상황에 처해 있는 것이 사실이다. 이러한 상황에서 이들만의 특수한 상황을 살펴보고 근본적인 원인을 탐색하는 것은 다문화가정 청소년들의 미디어중독을 예방하고 대처해나가기 위해 필요하다. 구체적으로 다문화가정 청소년들의 생활환경과 개인적 상황. 그리고 미디어중독은 어떠한 관계가 있는지 살펴보고, 다문화가정의 부모님과의 관계는 어떠한 영향을 미칠 수 있는지를 분석하고자 한다. 또한, 다문화가정 청소년들의 미디어중독은 어떠한 특징을 갖고 있는지에 대해서도 규명하고자 한다.

연구문제3 : 다문화가정 청소년들의 미디어중독 예방을 위한 미디어교육 방안은 무엇인가?

연구문제3 에서는 다문화가정 청소년들의 미디어중독 예방을 위해 어떠한 미디어교육이 이루어져야 하는지를 분석하고자 한다. 이를 위해 다문화가정 청소년들의 미디어중독 예방이 필요한 이유를 분석하고, 이와 관련하여 미디어중독 예방을 위한 미디어교육의 필요성과 미디어중독을 예방하기 위한 구체적인 방법에는 무엇이 있는지를 살펴보고자 한다. 이를 기반으로 미디어중독 예방을 미디어교육에 참여하기 위해 필요한 조건들이 무엇인지를 도출하고자 한다. 단순히 미디어교육의 프로그램적인 측면에서 뿐만 아니라 이들이 처한 특수한 환경을 고려할 필요성이 있기 때문이다. 이러한 분석 결과를 통해 연구문제 1, 2에서 확인한 내용들의 의의와 함의점을 살펴보고 미디어 교육과정의 방향과 기존 다문화 미디어교육의 개선방안을 모색하고자 한다. 앞으로 다문화가정 자녀 참여 미디어교육이 나아가야 할 방향성에 대해 구체적으로 접근해 나가기 위함이다.

제1절 자료수집

　이 책에서 연구방법은 연구 참여자와의 질적 심층인터뷰 중 초점집단인터뷰(Focus Group Interview, FGI)를 통해 다문화가정 청소년의 미디어 이용 실태 및 미디어교육 과정에 필요한 인식과 경험을 살펴보고자 한다. 질적 연구 방법은 연구주제에 대한 개인 혹은 집단, 단체, 사례 등의 심층적인 시각과 인식을 수집하면서 수량화가 불가능한 가치·태도·인식 등을 도출하는 데 적합한 연구 방법이다(Cresswell, 1998/2005). FGI는 연구 참여자들의 이야기를 통해 구체적인 사례와 평가, 제언 등을 심층적·집약적으로 도출할 수 있어 연구문제와 관련한 타당한 질적 논거를 마련하는 데에 기여한다(강진숙, 2007). 본 연구에서는 FGI방법을 사용해 연구 참여자 그룹 내에서 의견이 자유롭게 교환되는 과정을 통해 풍부한 경험적 자료들을 얻고자 한다. FGI는 연구의 목적에 따라 선정한 주제와 관련된 경험자들을 참여자로 선택하기 때문에 특정 주제 및 사례에 대한 인식과 경험을 상호 교류하면서 진행된다는 장점이 있다(Kleiber, 2003, 89~90쪽). 따라서 FGI와 같은 심층인터뷰 방식은 연구 참여자들의 경험과 해석이 수집 가능한 구체적 유형의 대화나 담화로 나타나면서, 복합적

114

이고 구체적인 관점과 의견의 수렴이 가능하다는 장점을 가지며, 특정 연구주제나 사례에 대한 기초적인 정보를 수월하고 효율적으로 수집할 수 있다는 장점을 가진다(Wimmer & Dominick, 1994/1995, 183~186쪽). 인터뷰는 총 4회에 걸쳐 진행되었다(〈표 6〉).

〈표 6〉 인터뷰 진행 개요

연구 참여자	일자	인터뷰 장소	인터뷰 시간
다문화가정부모	2012년 3월 31일	서울소재 대학교 세미나실	약 2시간
다문화가정부모	2012년 4월 2일	안양소재 성당의 다문화지원센터 교육실	약 2시간
다문화 전문가	2012년 4월 5일	성남 다문화가정 지원센터 교육실	약 2시간 30분
다문화 및 다문화 미디어교육 전문가	2012년 4월 6일	충무로소재 이주민 방송국	약 2시간 30분

다문화가정 부모 인터뷰는 2회에 걸쳐 진행되었는데 2012년 3월 31일 인터뷰는 서울에 소재한 대학교의 세미나실에서 진행되었으며, 2012년 4월 2일의 인터뷰는 안양에 소재한 성당의 다문화지원센터 교육실에서 각각 2시간 진행되었다. 이 과정에서 인터뷰 당일 아이가 아프다거나 가정에 사정이 있어 참석하지 못한 참여자가 생기는 상황이 생기기도 했고, 인터뷰에서는 연구내용을 듣고 즉석에서 참여한 참여자가 생기기도 하였다. 인터뷰 참여자들은 섭외과정에서 인터뷰내용과 미디어중독 개념에 대한 설명을 들었으며, 인터뷰를 시작하기 전 약 10분간에 걸쳐 미리 준비해간 브리핑 자료를 가지고 다시

한번 설명을 들었다. 전문가 인터뷰도 2회에 걸쳐 진행되었으며, 2012년 4월 5일 인터뷰는 충무로에 위치한 이주민 방송에서, 2012년 4월 6일 인터뷰는 성남시 다문화가족 지원센터에서 각각 2시간 30분 진행되었다. 마찬가지로 미디어중독에 대한 브리핑을 진행하여 관련 내용을 숙지한 후 인터뷰가 진행되었다. 전문가 집단이기는 하지만 미디어중독에 대한 개념이 낯설 수 있었기 때문이었다.

인터뷰 형식은 반개방형으로 진행하여, 연구자가 준비한 기본적인 질문을 바탕으로 필요한 질문을 추가로 제시하여 인터뷰를 이끌어가는 방법을 사용하였다. 사용된 질문은 연구문제에 맞게 설정하였다. 연구문제 1의 경우 다문화가정 청소년들의 미디어중독 현상은 어떻게 나타나고 있는가에 대한 주제 아래 다문화가정 청소년들이 주로 이용하는 미디어는 무엇인지, 어떠한 내용을 접하고 있으며 어떠한 상황에서 사용하게 되는지를 포함하였다. 또한 이들의 미디어중독이 어떤 특징을 갖고 있으며 다문화가정 청소년들에게 어떠한 영향을 미칠 수 있는지에 대해서도 질문하였다. 연구문제 2의 경우 다문화가정 청소년들의 미디어중독 현상이 나타나는 이유가 무엇이라고 생각하는지 물었다. 여기에 환경적 상황과 개인적 상황, 부모님과의 관계, 중독의 특징에 대한 질문을 포함시켰다. 연구문제 3의 경우 다문화가정 청소년들의 미디어중독을 예방하기 위한 미디어교육은 무엇인가라는 질문에 예방의 필요성과 예방해야 할 이유, 적절한 미디어중독 예방 방안과 이를 위한 필요조건이 무엇인지에 대한 질문을 포함했다. 이러한 질문들은 광범위해 보일 수 있으나, 다문화가정 청소년들의 미디어중독에 대한 학술적 논의가 부족한 상태에서 이론적 논의와 관련된 사례를 최대한 풍부하게 수집하고 개방적인 자세로 이해하기 위해 설정되었다.

또한, 연구 참여자에게 연구목적 및 설문 문항에 대해 미리 전달하거나 개요를 설명해 줌으로써 본 연구의 문제의식에 대해 미리 숙지할 수 있도록 충분한 시간을 마련하였다. 인터뷰 진행은 각 집단에 속한 참여자들이 자신의 의견과 이견에 대해 토론하기 위해 최대한 자유로운 분위기를 조성하였다.

인터뷰 내용은 참여자들의 동의하에 녹음을 진행하였으며, 녹음된 자료는 2인의 보조원을 통해 전사되었다. 전사를 진행하거나, 전사된 자료를 분석할 때 발생한 불명확한 부분은 연구자 및 보조원의 상호확인을 거쳐 최소화시켰다. 상호확인을 통해서도 불명확하게 남은 부분이 있거나, 인터뷰 내용 중 보완해야 할 내용에 대해서는 전사된 자료를 바탕으로 이메일 및 전화, 재방문을 통해 재확인하였다. 이러한 과정은 질적 연구방법의 타당성을 확보하기 위한 방법이다(강진숙, 2008). 질적 연구방법의 자료수집 과정에서 일어날 수 있는 지나친 주관화와 자료 해석상의 왜곡을 방지하고 주관성의 객관화, 즉 타당성을 확보하기 위한 절차이다.

특히, 본 연구의 경우 한국어에 익숙하지 않은 다문화가정 부모가 연구 참여자로서 인터뷰에 참여하였기 때문에 이러한 과정에 더욱 세심한 주의를 기울였다. 인터뷰 도중 단어나 문장이 불분명하거나 연구자의 입장에서 연구 참여자의 의도가 제대로 파악되지 않는 경우, 메모를 해두고 해당답변에 대해 다시 질문하는 과정을 거쳤다. 또한, 연구자가 연구 참여자의 답변을 정리하여 되묻는 과정을 통해 연구자가 이해한 내용이 연구 참여자가 말하고자 했던 내용과 일치하는지를 확인하였다. 이러한 과정을 통해 자료의 수집과정, 자료의 전사과정, 자료의 해석과정에서 일어날 수 있는 타당성의 저하를 방지하고 연구에 대한 타당성을 확보할 수 있었다.

제2절 연구 참여자 선정

연구 참여자는 다문화가정의 부모, 다문화전문가, 다문화환경에
서 활동하고 있는 미디어교육 전문가로 선정하였다. 우선 다문화
가정을 이루고 있으면서 자녀를 가지고 있는 부모를 선정하였다
(〈표 7〉).

〈표 7〉 다문화가정 부모 집단(A그룹)의 일반적 특성

참여자	연령	국적	성별	직업	한국거주기간	자녀/연령	주사용 미디어 (부모/자녀)
A-1	39	베트남	여	통번역	10년	2남/ 11, 8	스마트폰 / TV
A-2	40	중국	여	회사원	15년	1남/ 15	인터넷 스마트폰 / TV, 인터넷
A-3	48	필리핀	여	주부	13년	1남 1녀/ 14, 11	TV/ TV
A-4	41	필리핀	여	주부	15년	1남 3녀/ 16, 15, 10	TV, 인터넷 / TV, 인터넷 스마트폰
A-5	36	필리핀	여	주부	10년	2남/ 10, 8	TV, 인터넷 / TV, 인터넷
A-6	34	필리핀	여	주부	11년	2녀/ 10, 3	TV, 인터넷 / TV, 인터넷
A-7	38	필리핀	여	주부	15년	1남 1녀/ 15, 12	TV, 인터넷 / TV, 인터넷
A-8	29	필리핀	여	주부	8년	1남 2녀/ 8, 7, 6	TV, 인터넷 / TV, 인터넷

이 과정에서 어머니들만을 선정하여 인터뷰를 진행하였는데, 이는 어머니들이 다문화가정 청소년들과 가장 밀접한 생활을 하고 있는 주체로서, 청소년들의 발달과정과 발달내용, 미디어 이용습관을 객관적으로 파악하고 있기 때문이다. 또한 앞서 살펴본 것처럼 많은 다문화가정이 결혼이주여성에 의해 구성되어 있기 때문에 국내 다문화가정의 특수한 상황을 가장 적절하게 보여줄 수 있을 것으로 기대하였다. 이들은 다문화가정 청소년의 가족이기 때문에 미디어중독의 현황과 원인, 문제점, 미디어교육에 바라는 점을 가장 직접적으로 확인할 수 있다는 점도 고려되었다. 이 집단은 각 시에 설치되어 있는 다문화지원센터, 다문화지원 관련 프로그램을 운영하고 있는 종교단체 등에 연락을 취하여 인터뷰 참여 의사를 밝힌 참여자들을 포함시키는 편의표집, 그리고 참여의사를 밝힌 참여자들의 지인을 함께 포함시키는 눈덩이 표집을 통해 선정되었다.

다음으로 다문화관련 전문가 및 다문화 환경에서 미디어교육을 진행하는 전문가를 인터뷰참여자로 선정하였다. 먼저, 국가지원기관인 다문화지원센터 성남지부에서 각 가정을 방문하여 상담하는 다문화 전문가 집단을 선정하여 인터뷰를 진행하였다.

〈표 8〉 다문화 전문가 집단(B그룹)의 일반적 특성

참여자	연령	국적	성별	경력	근무기관	담당업무
B-1	58	한국	여	4년	성남시 다문화가정 지원센터	다문화가정 한국어 방문지도
B-2	54	한국	여	1년	성남시 다문화가정 지원센터	다문화가정 부모교육
B-3	39	중국	여	3년	성남시 다문화가정 지원센터	중국어 통번역 서비스
B-4	48	한국	여	4년	성남시 다문화가정 지원센터	다문화가정 부모교육(3년)/ 방문교육 담당실무(1년)

　이들은 다문화가정을 직접 방문하여 필요한 부분을 진단하고 해결하는 역할을 맡고 있기 때문에, 다문화가정 청소년들의 미디어 이용습관과 이용행태 등에 대해 다양한 경험을 갖고 있을 것으로 판단했다. 또한, 하나의 가정이 아니라 여러 가정을 방문하기 때문에 각 다문화가정에서 나타나는 중첩적이고 공통적인 경험을 수집할 수 있을 것으로 기대했다. 조금 더 거시적으로는, 국가기관의 지원 하에 있는 센터에서 근무하기 때문에 다문화가정 청소년들의 미디어교육 지원을 위해 무엇이 더 준비되어야 하고, 어떠한 노력이 필요한지 가장 실질적인 의견을 들을 수 있을 것으로 예상했다. 외적인 지원뿐만 아니라, 다문화가정 청소년이 미디어교육을 받기 위해 다문화가정 내적으로는 어떠한 도움이 필요하고, 어떠한 조건이 뒷받침 되어

야 하는지에 대한 의견을 기대했다.

이들이 근무하는 '다문화가정지원센터'는 다문화가족 지원법 제12조에 의해 운영되며, 이에 따라 국가와 지방자치단체에서는 2012년 3월 현재 전국 201개의 다문화가족지원센터를 설치·운영하고 있다. 또한, 다문화가족지원센터에서는 이 법의 제3조에 따라 다문화가족 구성원이 안정적인 가족생활을 영위할 수 있도록 한국어교육, 다문화가족통합교육, 취업연계 및 교육지원, 개인·가족상담 등의 업무를 수행하고 있으며, 센터 내방 다문화가족을 위한 '집합교육'과 센터이용이 어려운 다문화가족에 대한 '방문교육'으로 진행된다. 다문화가족지원센터의 운영 프로그램(여성가족부, 2010)은 한국어 교육, 다문화사회 이해 교육, 가족교육, 가족개인상담, 취업연계 및 교육지원, 통번역 서비스자 모임, 지역사회민간자원 활용 프로그램, 다문화 인식 개선사업, 지역사회 협력 네트워크 강화 사업을 포함하고 있으며, 다문화가정 청소년을 대상으로 한 미디어교육은 정규 프로그램으로 진행되고 있지 않다. 하지만 다문화지원센터 성남지부에서 지난 2011년 6월 1일에 진행된 '다문화 미디어교육'처럼 미디어교육에 대한 수요는 꾸준할 것으로 예상되며, 같은 센터 내에서 이러한 프로그램을 경험하면서 각 가정을 방문하는 다문화 전문가는 본 연구의 연구문제를 해결하는 데 충분한 경험과 인식을 가지고 있을 것을 판단하였다.

마지막으로 다문화 환경에서 미디어교육을 진행하는 전문가로는, 이주민방송센터에서 근무하는 이들을 선정하였다.

〈표 9〉 다문화 및 다문화 미디어교육 전문가 집단(C그룹)의
일반적 특성

참여자	연령	국적	성별	경력	근무기관	담당업무
C-1	43	중국	여	1년	이주민방송 MWTV/ 서울영남초등학교 병성유치원	이주민방송 앵커/ 유아 다문화 이해 교육
C-2	36	미얀마	남	7년	이주민방송 MWTV	인터넷방송 / 이주민영화제
C-3	38	중국	여	8년	프리랜서	통번역 업무

현재까지 다문화가정의 구성원, 혹은 다문화가정 청소년을
대상으로 하는 미디어교육이 활발하고 정기적으로 이루어지고
있지 않은 점을 고려했을 때, '다문화'와 '미디어'라는 요인을
가장 가까이서 접하고 있는 이주민방송센터의 전문가들을 통
해 실제 현장의 목소리를 들을 수 있을 것으로 기대했다. 또
한, 실제 프리랜서로 통번역을 하고 있는 참여자를 포함시켰다.

전반적으로, 다문화가정 청소년의 부모그룹의 경우 20대에서
40대까지의 다양한 연령층으로 이루어져 있고, 자녀들의 나이
도 본 연구의 연구 참여자로서 적합하다고 판단하였다. 또한
이들은 대부분 전업주부로 자신들의 아이들과 교류하는 시간이
많다는 특징을 보였다. 다문화 전문가 집단의 경우 실제로 지원
센터에서 근무하고 있으며 1년에서 4년의 경력을 가지고 있었
다. 다문화센터가 건립되고 활발한 활동을 보인 시점이 오래되
지 않았다는 점에서 이러한 경력분포는 적당한 것으로 판단한
다. 다문화 및 다문화 미디어교육 전문가 집단의 경우 다문화

센터에 속한 연구 참여자들이 접근하기 어려운 '미디어' 관련
전문가 경험과 인식을 제공할 수 있다는 점에서 의미가 있다.

제 5 장

다문화가정 청소년의 미디어중독 현상

　이 장에서는 연구문제를 중심으로 한 분석결과를 제시하고
자 한다. 우선, 제1절에서는 다문화가정 청소년들의 미디어중
독 현상을 탐색하고자 한다. 이는 미디어와 콘텐츠에 대한 중
독과 새로운 디바이스의 등장에 따른 중독으로 구분하여 접근
하고자 한다. 제2절에서는 다문화가정 청소년들의 미디어중독
원인에 대해 살펴보는 장을 마련했다. 앞서 우리는 미디어중
독의 원인은 개인의 정서적 측면과 함께 가정·학교생활, 사회
구조적 측면이 복합적으로 작용함을 밝혔다. 따라서 본 연구
결과에서도 세 가지 측면으로 나누어 미디어중독 원인을 밝히
고자 한다. 마지막으로 제3절에서는 본 연구의 큰 목적이라
할 수 있는 다문화가정 청소년들의 미디어중독 예방을 위한
방안으로서 미디어교육의 역할에 대해 논하고자 한다. 나아가
교육환경과 정책적 방안에 대해 고민할 수 있는 시간을 마련
할 것이다.

제1절 미디어중독과 현상[1]

한국정보화진흥원의 2010년 인터넷 중독 실태 조사에 따르면 다문화가정 청소년의 인터넷 중독률이 일반가정 청소년들보다 약 3배가량 높은 것으로 나타났다. 현재 위 조사는 인터넷 미디어에 한정되어 있지만 TV, 휴대폰 등의 미디어 매체를 확장해 살펴보면 중독의 범위와 상태가 더욱 심각하게 나타날 것이라 예상된다. 더군다나 아직까지 다문화가정 자녀의 연령층이 낮은 것을 감안, 이들이 대부분 청소년기로 자라날 시점이 되었을 경우 미디어중독은 더욱 심각한 상황에 치닫게 될 가능성이 있다. 하지만 다수의 보고서가 전해주는 조사 자료

---

1) 인터뷰를 진행하면서 부모들이 정의하고 인식하는 미디어중독의 개념이 비교적 넓은 범위를 포함한다는 점을 알 수 있었다. 여기에는 미디어에 대한 과도한 몰입부터 이 몰입현상으로 인해 나타나는 부정적인 효과까지를 포함한다. 즉, 부모들이 중독에 대한 확고한 기준점보다는 경험을 통한 상대적인 인식을 통해 중독을 정의하고 있는 것으로 나타났다. 이러한 경향은 전문가들에게서도 마찬가지로 나타났다. 인터뷰가 진행되면서 참여자들은 미디어중독에 대해 자신들만의 기준점을 잡아가는 모습을 보였으며, 인터뷰 이전에는 미처 중독이라고 생각하지 못했던 부분에 대해서도 고민하는 모습을 보였다. 따라서 인터뷰 과정에 있어 사용되는 미디어중독은 이론적 논의에서 사용된 개념들을 포함하되, 이러한 간주성에 의해 합의된 개념으로 유연하게 사용하고자 한다.

는 다문화가정 청소년의 미디어중독률에 대한 수치적인 자료만을 제공할 뿐, 그 현상이 어떻게 일어나고 있으며 어떠한 환경적·개인적 맥락에서 일어나고 있는지 알 수 없다는 단점이 있다. 또한 조사 자체가 특정 지역을 중심으로 제한적으로 이루어졌을 가능성이 있기 때문에 이들의 상황에 대한 심층적인 현상을 구체적으로 파악하는 것이 필요하다. 따라서 첫 인터뷰는 다문화가정 청소년들의 미디어중독이 주로 어떠한 미디어를 통해서 일어나는지, 어떠한 맥락에서 일어나는지, 이에 대해 부모 및 전문가참여자는 어떠한 인식을 갖고 있는지 파악하고자 했다.

> 지난번에 맡았던 5세 아이에게 미디어중독 현상이 있었어요. 아빠가 안 계시는 편모가정에 엄마는 조선족 출신이세요. 엄마가 주로 밤에 일하세요. 컴퓨터 아니면 TV. 그러니까 아이가 절제가 안 되는 거예요. 밤에는 엄마가 안 계시니까 무방비상태로 TV에도 24시간 노출돼 있고요. (B-2)[2]

> 원래는 학교 끝나고 공부방을 보냈었는데 문제가 있어서 그만 다니게 됐어요. 그러다가 작년에 직장을 가게 됐는데 아이가 학교 갔다가 들어오면 혼자 있게 되고 아이가 TV나 컴퓨터를 자기 마음대로 몇 시간씩 하는 거예요. 보안을 걸고 싶은데 보안을 걸 줄도 모르고, 그래서 전기를 다 꺼버리면 집전기가 다 나가서 안 되고, 내가 직장 나가면 종일 TV, 인터넷만 보는 것 같

---

2) 다문화센터의 방문 지도사들이 방문하는 가정은 일정한 기간마다 바뀌게 되어있다. 5세 아이의 예를 들고 있으나 청소년집단을 포함한 전반적인 경험을 이야기한 것으로 볼 수 있다.

아요. 거의 하루 종일 봐요. 속이 상하고 있는데 혼자 있는 게 안쓰러우니까 야단칠 수도 없어요. 한두 시간은 볼 수 있지만 하루 종일 보고 있으니까 중독인 줄 알고 있지만 다른 방법이 없어서 속이 상하고 있어요. 〈A-1〉

다문화가정 청소년들이 주로 이용하는 미디어는 집에서 쉽게 접할 수 있는 TV와 인터넷으로 나타났으며 대체로 부모가 집을 비운 시간을 이용해 미디어를 이용하고 있었다. 심지어는 부모들의 미디어 이용 자제를 요구하는 훈육에도 반항하는 등 미디어 이용 욕구를 절제하지 못하고 있는 것으로 파악되었다. 특히 전문가(B-2)의 인터뷰 내용에서 자녀의 미디어 접근을 차단할 경우 나타나는 불안·폭력적 증상은 다문화가정 청소년들의 미디어중독 실태를 여실히 보여주는 예라 할 수 있다. 게다가 밤 시간대 TV 프로그램이나 인터넷 콘텐츠들은 청소년에게 맞지 않는 성향의 콘텐츠일 가능성이 크다는 점 역시 주지해야 한다. 앞서 이론적 논의에서 살펴본 바와 같이 미디어는 개인의 자아형성에 큰 영향을 미치는 사회화의 중요 요소이다(문혜성, 2004). 즉, 미디어는 어린이, 청소년 시기에 가치관 형성에 중요한 역할을 하게 되는 것이다. 결국 다문화가정 청소년들의 무분별한 미디어 이용행태는 미디어 이용시간과 함께 어떠한 콘텐츠를 주로 이용하는 가의 문제도 함께 논의되어야 한다. 비판적 리터러시가 완성되지 않은 청소년들에게 미디어의 메시지는 자신의 행동 가능성의 맥락으로 활용되기 쉽다. 그렇다면 다문화가정 청소년들이 주로 접하고 있는 콘텐츠들은 무엇인가?

　　연예 프로그램, 뮤직비디오 등 연예인 나오는 프로그램을 자
주 봐요. 학교 갔다 오면 집에서 TV만 봐요. 그게 문제에요. 잘
때까지는 아니지만 'TV 그만 봐' 해도 또 보고. 연예인들 많이
봐요. 다른 건 안 보고. 조금 제 생각엔 아이들이 TV에 중독된
것 같아요. 아이 두 명, 큰애와 둘째가 청소년 되고 나서 그런
것 같아요. 〈A-3〉

　　드라마 〈해를 품은 달〉도 안보면 친구들이랑 얘기가 안 된다
고 그러더라구요. 근데 〈해를 품은 달〉은 우리가 안 보여 준다
이랬는데 가끔씩 집 비우고 나갔다오면 TV가 드라마채널에 맞춰
져 있는 거에요. 〈C-3〉

　　아이가 주로 만화를 많이 좋아해요. 주로 싸우는 거, 일본만
화 많이 보고 중국만화, 한국만화도 많이 보고요. 만화채널이 있
으니까 하나 끝나면 다른 거 또 찾아보니까 아 이게 중독이구나
싶어요. 만약에 하나가 끝나고 '아 이게 끝났으니까 됐다'라고 하
면 중독이 아니라고 생각하겠지만 이거 끝나면 또 다른 채널, 다
른 만화 찾아서 보니까 이게 중독이구나 생각해요. 〈A-1〉

　　다문화가정 청소년들은 TV 연예/예능, 드라마, 애니메이션
프로그램을 주로 시청하고 있는 것으로 관찰되었다. 연예/예능
프로그램은 스타연예인과 유명인들의 말과 행동을 예능적 요
소로 부각시키거나 사생활을 노출시키면서 시청자들의 환심을
사도록 기획된 오락프로그램이다. 최근 예능프로그램이 TV 프
로그램의 대다수를 차지하면서 연예인들의 유머와 스토리가
안방과 거실을 점령하고 있다고 해도 과언이 아니다. 문제는
이러한 프로그램의 내용들이 청소년들의 가치관에 막대한 영

향을 미치고 있다는 점이다. 연예인들의 화려함과 이에 대한 단순한 동경심이 잠재적으로 예능프로그램의 중독을 유발할 수 있다. 뿐만 아니라 시청자들에게 충격을 동반하는 예능프로그램의 자극적 기제들은 자기 통제력이 부족한 청소년들에게 몰입과 중독으로 이어지는 위험성을 동반한다. 그리고 드라마와 애니메이션의 경우는 장르 특성상 호흡이 길기 때문에 다른 장르의 프로그램 보다 더 심각한 몰입현상을 낳을 수 있다는 점에서 문제가 된다. 특히 중요한 것은 TV속 드라마, 애니메이션의 사람과 사건들이 마치 현실인 것처럼 오인하거나 선정적, 폭력적 장면들이 청소년들에게 여과 없이 드러나면서 부정적 영향을 미칠 수 있다는 것이다(강진숙 외, 2010).

중독은 처음에는 작은 자극에도 만족하지만 점점 더 작은 자극에 만족하지 못하고 큰 자극을 추구하는 경향을 보이기 때문에(Lauren, 2006/2006, 328~330쪽), 어떠한 동기로 시작하였든지 간에 우연한 기회에 시청하기 시작한 드라마 혹은 애니매이션이 지속적인 시청과 중독을 유발할 수 있는 단초가 될 수 있다. 이는 단순히 TV라는 기기 자체보다 TV가 가지고 있는 콘텐츠에 중독될 가능성이 더 크다는 것을 의미한다. 따라서 TV라는 기기 자체를 절제하고 다루는 방법도 중요하지만 TV에서 나오는 콘텐츠를 비판적이고 능동적으로 이용하고 이해하는 능력도 필요하다는 점을 말해 준다고 볼 수 있다. 뿐만 아니라 인터넷을 통해 미디어중독이 함께 일어나고 있었다.

낮에는 아이가 컴퓨터로 게임을 하는데 절제가 안돼요. 그래서 만약에 엄마가 강제로 끌 경우에는 이거에 대해서 폭력적인 성향이 나타나요. 항상 보면 엄마가 귀찮으니까 컴퓨터를 켜놓으세요. 〈B-2〉

집에서도 공부는 집중 못해요. 인터넷 때문에 집중을 못해요. 공부안하니? 그만해요 하면 11시니까, 이따가 이따가 이따가.. 부모로서 걱정이 돼요. 너무 중독된 것 같아요. 채팅이 문제인 것 같아요. 인터넷 채팅을 주로 하는데 어떤 사람을 만날지 몰라 걱정돼요. 상처받을 까봐. 뭐하는지 보니까, 어느 날 인터넷 하다가 죽고 싶다고 했어요. 학교에서 상담하는데, 선생님도 집중 잘 안된다고 해요. 인터넷 때문에 공부할 때 집중도가 떨어지는 것 같아요. 〈A-4〉

큰애(중1 여자)가 인터넷을 심하게 해요. 자기 홈페이지를 만들었어요. 학생들끼리 채팅도 많이 해요. 매일 2~3시간. 학교 끝나고 집에 오자마자 바로 인터넷 해요. 뭐하는 거야 하면 잠깐만요 잠깐만요 하는데 인터넷 해요. 말리려고 해도 안 돼요. 또 무슨 나쁜 말이 있어요. 우리 딸이 울었어요. 왜 무슨 문제에요 하고 물어봤어요. 무슨 나쁜 말이 많이 있었어요. 아는 사람인데 나쁜 말 했어요. 그래서 나쁜 사람이라고 말했어요. 그래서 울지 말라고 했는데 내 마음이 아팠어요. 〈A-3〉

인터넷을 통한 미디어중독의 경우는 인터넷 자체에 대한 중독이라기보다는 인터넷을 통한 기능들에 중독되어 있는 경향을 보이는데, 게임과 채팅을 주로 사용하고 있었다. 게임이 자신들이 처한 환경을 잊고 완전하게 몰입할 수 있다는 점에서

TV보다 더 큰 중독을 유발할 수 있을 것이다. 또한 근래의 게임들은 단독으로 하는 게임보다는 여럿이 어울릴 수 있는 게임들이 많은데, 여기서는 다문화가정 청소년들의 모습이 드러나지 않기 때문에 자신의 보여주고 싶지 않은 모습을 보며주지 않으면서 게임 안에서 자신의 모습을 찾고자 하는 경향이 나타날 수 있다(박진영·한상혁, 2012). 따라서 게임은 단순히 또래집단에 어울리기 위해 콘텐츠 자원을 수집하거나, 또래집단과 잘 어울리기 위해 게임을 하는 차원에서 벗어나 자신을 드러내지 않고 대리만족을 느낄 수 있는 수단이 될 수 있으며, 이러한 경향이 강해지면 미디어중독, 게임 중독으로까지 이어질 수 있는 것이다.

채팅과 개인 홈페이지는 자신과 타인을 연결시키는 기능을 가지고 있다. 문제는 이러한 기능의 과도한 몰입이 중독으로 의심받을 만한 행동을 야기하고 있어 학업이나 기타 활동에 대한 집중력 저하를 가져오고 있다는 점이다. 청소년 채팅 중독집단은 오프라인 친구관계의 정서적 안정 기능에 대해 비교적 긍정적으로 평가하는 경향이 있지만(유은희·하은혜, 2009), 이것이 실생활 전반에 긍정적인 영향을 미치지는 않는 것으로 나타난 것이다. 또한 인터넷의 채팅이나 홈페이지 같은 연결성 기능들로 인해 다문화가정 청소년들이 심리적인 상처를 받을 수 있다는 점 또한 빼놓을 수 없는 문제이다. 다문화가정 청소년들은 채팅이나 인터넷 홈페이지를 개설하면서 타인과 더욱 다양한 형태로 소통하고 싶어 하지만 현실은 실제 대인

관계에 악영향을 미칠뿐 아니라 인터넷의 익명성과 과도한 연결성이 이들에게 상처가 되는 메시지를 전달할 수도 있다. 결국 위의 상황이 심해질 경우 중독으로 이어질 수 있는 것이고, 오프라인 상태에서의 대인 기피나 앞서 언급했던 집중력 저하가 나타날 수 있게 된다.

이처럼 다문화청소년들은 TV, 인터넷 미디어를 통한 콘텐츠의 과도한 몰입과 중독현상을 나타내고 있다. 문제는 이러한 중독현상이 미디어 이용 차원에서 끝나는 것이 아니라 청소년기의 정서발달과 사회화 과정에 심각한 영향을 미치고 있다는 점에 있다. 그리고 이러한 경향은 새로운 미디어 디바이스의 등장과 더불어 더욱 심각한 상황으로 치닫고 있다.

최근의 미디어중독 현황 및 실태를 살펴보면 TV, 인터넷 등의 기존 미디어에서 스마트폰과 같은 새로운 디바이스의 중독으로 이행되고 있음을 알 수 있다. 특히 방송과 신문에서는 청소년들의 무분별한 스마트폰 이용에 대한 경각심을 높이고 있다. 물론 아직까지 스마트폰에 대한 중독 개념이 명확히 제시되지 않았고(황하성·손승혜·최윤정, 2011), 중독 성향을 현상적으로만 밝히는 수준에 그치고 있다. 하지만 전문가들은 스마트폰의 중독은 사회적으로 심각한 문제를 야기하게 될 것이라 예상하고 있는 상황이다. 물론 아직까지 다문화가정 청소년들의 스마트폰 이용은 부모들의 제재와 가격적 부담으로 인하여 대중화되어 있지 않은 편이다. 그럼에도 불구하고 일부 연구참여자들은 청소년들의 스마트폰중독에 대해 염려하는 반응을 보였다.

> 요즘엔 또 아이폰이 많이 나왔잖아요. 그러니까 이제는 (아이들이) 컴퓨터보다 아이폰을 가지고 게임을 하더라고요. 〈B-4〉

> 우리집은 문제가 스마트폰이에요. 애가 학원을 혼자 다니고 하니까 폰을 좋은거 사줬거든요. 그래서 수시로 아이랑 카톡으로 어디 있니 이러면서 묻고 그래요. 학원에는 스마트폰 대면, 문자가 엄마한테 문자가 오게 되더라구요. 그래서 사주게 됐는데..(중략)..스마트폰이 문제긴 한데, 그걸 놓지를 못해요. 카카오톡을 지우자고 하면, 이거 지우면 친구들이 왜 빠지냐고 해서 지우지도 못한다고 하더라구요. 왜 빠지냐 이러기도 하구요. 스마트폰은 괜히 샀다 싶어요. 마플도 있고, 마플은 이모티콘을 많이 주니까 그것도 좋아하고, 그거를 끊지를 못해요. 그래서 10시 이후에는 거실에 스마트폰 두고 방에 들어가 자라 이렇게까지 하고 있어요. 〈C-3〉

스마트폰으로 인한 중독은 인터넷의 경우와 유사하게 스마트폰 자체의 속성과 스마트폰으로 가능한 기능들(어플리케이션)에 의해 나타날 수 있을 것으로 보인다. 위의 경험에서 카카오톡으로 인한 연결성이 그러한 예가 될 수 있는데, 스마트폰의 멀티미디어 서비스, 멀티태스킹 등과 같은 미디어 자체의 독특한 기능적·미디어적 속성이 스마트폰중독의 요인이 될 수 있다는 연구결과(황하성·손승혜·최윤정, 2011)가 이를 뒷받침해 준다. 또한 〈C-3〉[3]의 경험처럼 스마트폰이 부모와 자녀의 관계,

---

3) 〈C-3〉은 청소년을 가진 어머니로서 가정 속에서 일어나는 실제 이야

또래친구들과의 관계유지에 필요하다는 점 역시 주지할 필요가 있다. 기존 매체의 미디어중독의 경우는 미디어 이용시간에 제재를 가하거나 미디어 접근 자체를 차단하는 등의 중독 예방 방법이 동원되었다. 그러나 콘텐츠 이용뿐 아니라 부모, 또래와의 소통수단이 되기도 하는 스마트폰의 특성상 단순히 스마트폰 이용을 제재하는 것만으로는 중독 문제를 해결하기 힘들다. 뿐만 아니라 스마트폰은 완전한 1인 개인미디어이다. 이는 청소년들이 어떠한 애플리케이션을 이용하고 있는지 부모의 검열이 힘들다는 취약점을 드러낸다. 최근, 청소년들이 유해물 콘텐츠를 스마트폰 애플리케이션을 통해 이용하고 있다는 뉴스보도는 현재의 스마트폰 이용 실태를 반영한다(황윤주, 2012.2.23). 그리고 스마트폰의 보급률이 점점 더 높아져가고 있다는 점과 일반적으로 청소년들 같은 비교적 젊은 연령층의 경우 스마트폰의 다양한 기능을 재빠르게 습득하여 이용시간이 늘어날 수 있다는 점 역시 고려해야 할 부분이다.

> 그 집도 다문화 가정인데 애들이 어디 정을 못 붙이고 여기에(미디어에) 매달리는 것 같아요. 요즘에는 닌텐도 말고 또 뭐가 나온 것 같더라고요. 노트북같이 생겼는데 그 집에는 새로운 기기는 다 들어오는 것 같아요. 엄마가 내가 못하니까 애들한테 해줘야지 이런 생각을 해요. 〈B-3〉

기를 언급하는 경우가 많았다. 일상적인 이야기일 수 있으나 전문가로서의 인식과 관찰을 통해 나타나는 언급들로 판단하였다.

특히, 〈B-3〉의 언급에서 알 수 있듯이 새로운 미디어 기기가 출시될 때마다 청소년들이 적극적으로 이용하고자 하는 욕구는 청소년들의 미디어 의존성을 여실히 드러내는 결과이기도 하다. 이처럼 미디어중독은 모든 미디어 매체에 일관적인 잣대로 평가되는 것이 아니라 뉴미디어 디바이스가 나타날 때마다 새로운 중독 현상이 나타나는 것으로 판단된다. 실제로 TV, 인터넷 중독 척도와는 다르게 스마트폰 중독 척도를 개발하고 타당성을 갖추기 위한 노력(강희양·박창호, 2011)은 이러한 경향을 재확인시켜 준다.

한편, 〈B-3〉은 다문화가정 청소년의 미디어중독 현상을 설명하는 과정에서 결혼이주여성인 어머니의 가정적 위치 그리고 자녀들의 정서적 상황에 대해 언급하고 있다. 이는 미디어중독 현상이 단순히 미디어 이용 차원으로만 국한되는 것이 아니라 청소년의 심리적 특성과 함께 가정, 사회적 환경까지 함께 복합적으로 바라봐야 할 현상임을 드러낸다. 결국 다문화가정 청소년들의 미디어중독을 예방할 수 있는 교육이 진행되기 위해서는 이들의 심리적, 사회적 환경을 탐구하고 이를 통해 미디어중독의 원인을 밝혀내는 작업이 우선시 되어야 하는 것이다.

제2절 미디어중독의 원인

1. 개인적 성향 요인

앞서 우리는 이론적 논의를 통해 미디어중독은 개인의 심리적 요인과 더불어 가족관계, 사회적 환경 등이 직접적으로 영향을 미치고 있음을 확인했다(나은영, 2005). 이러한 논의는 각 집단마다 미디어중독의 원인도 다르게 나타날 수 있음을 시사한다. 그러나 현재 미디어중독에 관한 논의는 원인을 다차원적으로 밝히는 작업보다는 미디어 이용시간과 설정된 중독 지수와의 관계를 파악하는 경향이 크다. 뿐만 아니라 각 미디어 이용 집단의 특수성을 적용하는 작업 역시 간과하고 있다.

더군다나 다문화가정 청소년과 같이 특수한 환경에 처해있는 집단의 경우는 이들의 사회, 문화적 상황과 정서적 차원을 함께 고려해 나가야 한다. 이미 우리는 다문화가정 청소년들의 문화적응과 사회화 과정에서 겪는 부정적 경험들을 고찰하였다. 그리고 이 과정들이 다문화 가정 청소년들의 미디어중독에 상당한 영향을 줄 것이라 예상했다. 그렇다면 본 절에서는 다문화가정 청소년들의 미디어중독 원인을 직접적으로 밝혀내고 세분화 하는 작업이 필요하다.

우선, 다문화가정 청소년들의 개인적 성향을 살펴보기로 했다. 자녀의 개인적 성향은 자녀가 태어나면서부터 자라난 가정환경의 영향을 가장 많이 받게 된다. 그러나 다문화가정처럼 언어, 문화적 어려움으로 인해 친모와 긴밀한 상호작용이 어렵거나, 두 문화가 혼재된 가정교육은 다문화가정 청소년들의 정체성 형성에 부정적인 영향을 미칠 가능성이 있다. 물론, 두 문화 간의 상호적인 교육은 '문화적 혼종성(Bhabha, 1993/2002)' 이란 기제 아래 새로운 이주자 주체의 모습으로 긍정해나갈 가능성이 있다. 하지만 현실에서의 다문화가정 청소년들은 위와 같은 긍정적 가능성에 대해 체감하지 못한 채, 정체성 혼란 속에서 어려움을 겪는 경우가 많았다.

> 저는 아이가 왕따를 당할까봐 일부러 베트남어를 안 가르쳐 줬어요. 근데 지금은 너무 후회해요. 글로벌 시대고 이중 언어 시대인데요. 그래서 조금씩 가르쳐주고 있는데 아이가 너무 황당해 하는 거에요. 제 아이는 한국 사람들이랑 똑같이 생겼거든요. 혹시 학교에서 다문화가정 너 말고 또 있니? 라고 물어봤더니, 있는데 걔네들은 왕따 같은 거 많이 당했나 봐요. 일본이나 다른 나라도 있고. 근데 걔네들은 생긴 건 좀 다르게 생겼나 봐요. 〈A-1〉

〈A-1〉의 경우, 자녀의 정체성 혼란에 대해 심각하게 걱정하는 모습을 보였다. 다문화가정 청소년의 경우 또래 친구들과 생김새가 다르거나 말투가 조금 다르다는 점으로 인해 자신의 정체성에 혼란을 느끼고 있었다. 그 외의 연구 참여자들도 한국의 다문화가정 생활에서 발생하는 괴리감을 설명하는 과정에서 다소 침울하면서도 격앙된 목소리를 내기도 했다. 이는 한국 생활에서 겪는 부정적 경험과 함께 한국인들이 같은 사회 구성원으로 인정하지 않고 피부색이 다른 외국인으로 대하는 시선에 의한 정체성의 혼란으로 관찰되었다. 특히 친모가 겪었을 정체성의 혼란이 자녀에게도 고스란히 답습되고 있는 모습이 관찰되는 것 역시 부모로서 견디기 힘든 고통일 것이다. 그리고 다문화가정 자녀가 모친의 문화와 한국의 문화 사이에서 심각한 정체성의 혼란을 겪는 경우도 나타났다.

> 아이가 친구가 없고 사귀지도 않아요. 엄마도 한국 사람이랑 어울리고 싶지 않아 하구요. 전 그 아이가 너무 걱정이 되요. 그 아이는 한국말도 제대로 안되고 베트남말도 제대로 안돼요. 그래서 아이가 얘기를 안 해요. 인사도 안하고 무슨 얘긴지도 못 알아듣고. 밖에 나오면 구석에 있고, 그래서 만날 때마다 안아주고 누가 와서 혼내면 알려줘라 그렇게 얘기해요. 〈A-1〉

한국사회는 국가적으로 결혼이주여성과 한국농촌남성 간의 결혼을 추진했으며 그 결과 오늘날 다문화가정이라는 가정환경을 구축시켰다. 다문화가정은 말 그대로 다양한 문화를 경험할 수 있는 '차이'의 가능성을 가지고 있다. 이 때 차이는 들뢰즈(Deleuze, 1968/2004)가 언급한 바와 같이 나와 타인의 다름을 인식하는 차원에서 한결음 더 나아가 나와 타자 간의 끊임

없는 접속을 통해 자신 스스로 안에서 차이를 만들어가는 과
정이다. 이러한 의미에서 차이는 정체된 것이 아니라 끊임없
이 생성해 나가야 할 역동성을 지닌다. 위와 같은 의미에서
보자면 〈A-1〉의 발언에서 나타난 다문화가정의 경우는 한국과
베트남 간의 차이에서 새로운 존재감을 만들어가면서 다른 한
국가정과의 교류를 통해 함께 다문화를 이해해 나갈 수 있는
긍정적 가능성을 만들어갈 수 있다. 그러나 문제는 현실 사회
의 문제와 함께 다문화가정 구성원 스스로가 한국사회의 구조
속에서 스스로를 봉인시키고 있다는 점이다. 〈A-1〉의 경우처
럼 자녀가 베트남과 한국을 오가면서 두 문화 간의 경험을 긍
정적으로 발현하지 못하고 오히려, 두 언어와 문화 사이에서
적응하지 못한 채 언어 소통마저 제대로 되지 않는 최악의 상
황에 봉착되기도 한다. 더군다나 다문화가정 청소년들은 자신
을 '다문화가정의 자녀'라는 위치로 스스로 제약하고 억압하는
경향이 드러났다. 결국, 다문화가정 청소년들은 국적만 한국인
일 뿐, 언어와 문화적으로는 자신의 지위를 당당히 드러낼 수
없는 불안한 주체로 남을 수밖에 없다.

한편, 위와 같은 다문화청소년 성향들이 미디어중독에 한
원인이 될 수 있다는 의견이 존재했다.

컴퓨터를 오래 사용하거나 많이 사용하는 사람들을 보면 학교
생활에 좀 어려움을 겪는 것 같아요. 성격이 소심해서 금방 다
가가지 못하고, 상처도 금방 많이 받고, 작은 것에. 그런 아이들
은 게임에 금방 빠지거나 TV에 금방 몰입하더라구요. 그래서 어

려움이 있는 것 같아요. 성격상, 이런 경우들이 있는 편이에요.
(다문화 청소년들이) 그래서 학교에서 안에 들어가지 못하고 겉
도는 거에요. 그러니까 마음 붙일 곳이 없는 거에요. 컴퓨터 게
임을 많이 하고, 밤에도 몰래 숨어서 하고. 외로워서 많이 하는
경우도 있는 것 같아요. 〈B-4〉

〈B-4〉의 의견처럼 한국친구 사이에서 인정되기 힘든 다문화
청소년들의 특수한 상황은 개인의 성격 형성에 큰 영향을 주
게 된다. 그리고 이러한 성격은 학교생활과 또래집단 사이에
서 적응하지 못하는 부정적 상황을 낳게 된다. 그러나 문제는
이처럼 학교생활이나 대인관계에서 안정감을 얻지 못한 아이
들이 더욱 미디어에 빠지기 쉽다는 점이다. 물론 이러한 성향
은 이들이 처한 환경(피부색, 인종 등 비다문화가정 청소년들과의 이질
감, 다문화가족이라는 시선과 가정환경 등)과 밀접한 연관을 갖고 있
다. 그리고 이러한 맥락들이 다문화가정 청소년의 자신감부족
과 스트레스의 원인이 되어 심리사회적 적응에 어려움을 겪게
하는 개인적인 특성이라는 연구(이영주, 2009)와 맥락을 함께한
다. 다문화가정 청소년들이 처해있는 환경과 개인적 성향의
선후관계는 정확하게 파악할 수 없는 것이지만, 이 두 가지 요
소가 결합하여 미디어중독을 일으키는 원인으로 작용할 수 있
다는 점은 다문화가정 청소년의 외적·환경적 요소 뿐만 아니
라 내적인 성향도 미디어중독의 원인에 포함될 수 있음을 말
해주고 있다.

물론 이러한 관점은 다문화가정 청소년들에게만 해당되는 것

은 아닐 것이다. 하지만 다문화가정의 청소년 개인적 성향이 정상적으로 극복될 수 없는 환경이 우려된다는 점에서 이러한 문제에 더욱 취약할 수 있음을 예상 가능하게 한다(류운석, 2010). 따라서 다문화가정 청소년의 미디어중독을 논의함에 있어 개인적 성향을 포함시킨다는 것은 이들에 대한 세심한 주의가 이루어질 수 있는 시각을 제공할 것이다.

2. 가정·사회의 환경 요인

위에서 살펴본 바와 같이 다문화가정 청소년들의 정체성 형성에 있어서 초석과 같은 역할을 하는 곳은 바로 가정이다. 이는 가족인 아버지와 어머니의 행동양식이 자녀의 가치관과 사회화 형성에 가장 중요한 역할을 하게 됨을 의미한다. 그러나 다문화가정의 경우 일반 가정에 비해 친모의 양육 참여가 부족한 경향이 있었으며 다른 가족 구성원 역시 양육에 비협조 적인 것으로 나타났다(구수연, 2010). 결국 자녀는 가정의 소속감을 제대로 느끼지 못할 뿐 아니라 자녀의 학교, 사회생활에도 부정적인 상황을 초래할 수 있다. 실제로 인터뷰 중 대다수의 연구 참여자들은 가정환경과 자녀의 학교생활에 대해 부정적 의견을 보였다. 그리고 연구 참여자들은 가정과 학교의 환경적 원인들을 미디어중독의원인 중 하나로 꼽았다.

144

대부분의 다문화가정의 결혼 이민자들이 우울증이 많이 있으세요. 우울증이 있으니까 좀 무기력하시잖아요. 그래서 아이들을 방치하는 경향이 있으세요. 아이들은 방치되면 TV를 보거나 게임을 하거나 아이폰을 하거나 해요. 그게 계속 누적되다보면 중독으로 이어지는 거에요. 〈B-4〉

〈B-4〉는 다문화가정 청소년들의 미디어중독 원인 중 하나로 부모 특히 결혼이주여성 출신인 어머니의 정서적 불안감을 꼽았다. 결혼이주여성들은 한국에서 생활하면서 언어, 문화적 괴리감으로 인해 제대로 적응하지 못하고 우울증 증상까지 겪는 상황에 치닫게 된다. 문제는 이러한 어머니의 정서적 문제가 자녀의 생활에까지 영향을 미치는 악순환으로 이어진다는 점이다. 이는 결국 자녀의 미디어 이용에 직접적인 교육과 제재를 가해야 하는 어머니의 역할 부재는 자녀의 미디어중독이라는 부정적 결과를 낳게 된다.

19~20세에 결혼해서 갓 들어오신 어머님들이 계세요. 그 분 같은 경우에도 그러셨는데요. 인터넷 게임에 빠지신 것 같아요. 밤새도록 게임만 한데요. 그분 같은 경우는 밤에 게임을 쭉 하시고 낮에는 주무시고. 이렇게 해서 남편분이 방문교육을 요청하셨던 사례에요. 그런데 결국은 방문교육도 중단이 됐어요. 의지가 없어서. 그런 분들도 있구요. 이제 또 6학년 남학생이 게임을 하고 있었어요. 인터넷 게임을요. 그런데 형이 그거를 너무 많이 하니까(코드를) 뽑은 거죠. 그러니까 이제 아이가 제어가 안 되는 거예요. 그때 아주 난리가 났었거든요. 심각한 것 같아요. 〈B-4〉

이에 덧붙여 〈B-4〉는 이주 여성의 무기력감이 어머니 본인의 게임중독을 유도하고, 이러한 현상이 자녀들에게까지 영향을 미치고 있음을 경험적으로 반증하고 있다. 위 경우는 자녀의 아버지가 다문화센터에 직접방문교육을 요청하는 적극적인 행동을 보였음에도 불구하고 어머니의 적극적이지 않은 태도로 인하여 교육 자체가 무산되었다. 가정 내에서 가장 밀접한 관계를 맺고 있는 어머니와 자녀가 대화를 통해 친밀감을 형성하기 보다는 미디어 이용에만 열중한 나머지 자녀양육에 소홀한 경향을 보이는 것이다. 가정 내에서 가장 많은 시간 접하고 있는 두 주체가 다문화가정 청소년과 어머니들일 것인데, 청소년들이 이러한 환경에 처해 있다는 것은 외부적인 도움이 없이는 더욱 심각한 미디어중독에 이를 수 있다는 점을 보여준다.

엄마가 TV가 켜있어야 적막감이 없는 것 같아요. 애하고 어두운 방에서 24시간을 지내니까 그것이 자기하고 상관없는 공간에 켜 있는 게 자기 마음이 편하다고 느끼는 것 같아요. 나는 집중이 안 되는데, TV를 끄라고 해도 갈 때마다 켜 있어요. 저도 이제 중독이 돼서 켜있어도 이젠 상관이 없게 됐어요. 켜 있는 상태에도 집중하는 데는 내 집중하고는 상관없이. 그런 것이 말하자면 중독이 돼있는 것 같고. 그게 안 될 때는 컴퓨터를 켜두고 자기 친구하고 채팅하고, 그런 환경인데 내 생각에는 아이한테도 못하게 할 것 같지는 않고, 아이는 점점 커가는 데 이제 곧 돌이거든요. 〈B-1〉

〈B-1〉을 통해 확인할 수 있는 또 하나의 원인은 부모들이 먼저 미디어중독이 되어 간다는 것이며 이를 촉진시키는 것이 바로 이주 여성자들의 외로움이라는 것이다. 낯선 한국에서 자신의 대인관계를 유지하기 위한 사회자본이 남편과 시댁 식구를 제외하고는 거의 없는 상황에서 대부분의 시간을 집에서 홀로 지내야 하기 때문에, 그 적막감을 견디기 위해 과도한 미디어 이용을 통해 외로움을 달래고자 하는 것이다. 부모가 처한 이러한 환경적 상황은 아이들이 점점 자라나면서 미디어중독으로 연결될 수 있는 원인이 될 것이다. 이는 〈B-2〉도 유사한 인식을 보였다.

> 이민자들의 경우에는 외로움 때문에 그런 것 같아요. 아까도 얘기했듯이 적막상태가 싫어서 TV를 켜놓는다고 했었잖아요. 그런게 있는 것 같아요. 언어를 배우는 차원도 있지만, 외로움. 저 같은 경우에도 애들이 다 커서 혼자 들어가면 아무도 없고 적막하잖아요. 그 첫째는 외로움. 자녀들에게 나타나는 것은 방치인 것 같아요. 아까 예를 들었던 경우에도, 엄마가 밤에 일을 하니까 낮에는 주무셔야 해요. 그래야지 밤에 나가서 일을 하시잖아요, 그러니까 제일 편한 게 아이에게 TV를 틀어주고 그동안 엄마는 자도 되고, 일을 보셔도 되고 하니까. 그냥 그렇게 방치가 되다 보니까 아이들은 점점 빠져들고, 아이들도 마찬가지 외로운 것 같아요. 〈B-2〉

위 경험처럼 다문화가정을 이루고 있는 어머니가 한국이라는 전혀 새로운 환경에 처하게 되면서 겪게 되는 무력감과 부적응이 아이를 방치하는 결과로 나타나게 되고, 이 과정에서 가장 손쉽게 이용할 수 있는 미디어를 활용하여 아이를 관리하려는 경향이 나타났다. 따라서 아이는 자연스럽게 부모와 지내면서 사회성과 관련된 기술을 습득하기 보다는 혼자서 TV나 게임을 하면서 지내는 시간이 많아지고, 이것이 자연스럽게 미디어중독으로 이어지는 것으로 분석된다. 이처럼 다문화가정의 구성원인 이주여성들의 정서적 불안감은 본인의 미디어중독뿐 아니라 자녀들을 TV앞에 방치시킴으로서 자연스레 자녀들도 미디어중독의 수렁에 빠져들 수 있는 악순환을 낳게 했다.

한편, 부모와 관련된 또 하나의 현상은 부모가 다문화가정 청소년들의 행동을 통제하고 올바른 습관을 유도해야 함에도 불구하고 이들이 처한 언어적 한계로 인해 아이들이 미디어에 노출되는 것을 적절하게 막을 수 없음을 토로했다.

초등학교 5~6학년만 되도 아이들 부모님 주민번호 다 알아요. 컴퓨터 게임 하고 싶어요. 그러면 주민번호 누르는 거 있어요. 애들은 다 눌러요. 몇 개월 지나면 전화요금 많이 나와요. 60만원 나왔어요. 아이가 뭘 한다고 불러서 봐도 40%밖에 몰라요. 잘못될 것 같아 아빠 오면 하라고 해요. 만약에 내가하면 잘못될까봐. 왜냐면 아빠는 한국말을 100% 알고 있으니까. 나는 한국말을 40%밖에 이해하지 못하니까. 〈A-5〉

엄마가 한국말 잘 모른다고 생각해요. 아빠들은 늦게 들어와요. 부모가 무서워해야 해요. 내가 아는 엄마는 일본 엄마에요.

엄마 말은 안 듣고 아빠말만 들어요. 내 생각에는 애들 엄마 많
이 안 무서워해요. (부모)한 명이라도 무서워해야 해요. 〈A-6〉

　진짜 조금 크면 엄마랑도 말이 안 통하잖아요. 특히나 더 할
거예요. 사춘기 때도 그러하지만, 3세, 4세 때 유치원만 가도 차
원이 달라지죠. 아이는 한국말을 잘 하는데 엄마가 한국어를 잘
못하니까 상대 안 하려고 하죠. 〈B-1〉

이처럼 친모와 자녀간의 커뮤니케이션의 부재는 친모의 훈
육과 제재의 어려움을 낳고 있다. 친모와 자녀의 관계는 자녀
의 사회화 과정의 초석이라 할 수 있다. 그러나 위 사례처럼
친모와 자녀의 언어적 문제로 인해 상호작용이 제대로 이뤄지
지 않을 경우, 자녀가 미디어중독과 같은 문제점이 발견됨에도
불구하고 훈육의 효과가 나타나지 못하게 된다. 따라서 다문
화가정의 경우에는 친부와 조부모, 형제와 같은 가족 구성원들
이 자녀의 가정교육에 보다 적극적으로 참여해야만 한다. 하
지만 〈A-6〉은 자녀의 미디어중독 예방에 대한 가족 구성원들
의 비협조에 대해 불만을 토로했다.

　시어머니랑 같이 살아요. 가족 중에 시어머니가 드라마 많이
좋아하시는데, 엄청 많이 봐요. 그런데 어른 드라마잖아요. 애들
도 어른들이 보는 드라마를 같이 보게 되요. 그래서 애들이랑
많이 싸워요. 좋지 않다고 생각해요. 왜냐하면 아이들은 TV보면
서 어떤 행동 다 배울 수 있어요. 그런데 남편도 그래요. 하루
종일 봐요. 그래서 많이 싸워요. 남편 집에 오자마자 아이들 신
경 쓰지 않고 TV봐요. 밥 먹을 때도 다 가족들이 TV를 봐요. 이

것 때문에 매일 집이 난리에요.〈A-6〉

〈A-6〉의 경우처럼 부모가 미디어로 인한 여러 가지 문제점을 인식하고 개선하고자 하는데도, 가족들의 도움이 부족한 경우도 나타났다. 다문화가정에 속한 모든 이주자들이 무력한 경향을 갖고 있지는 않다는 것을 확인해줌과 동시에, 부모관계를 벗어나 가족 전체의 도움이 필요하다는 것을 말해주는 것이다. 다문화환경에서 성장하는 청소년의 경우 가족관계와 사회 환경 속에서 다양한 갈등 양상에 노출되기가 쉽고 대외적인 활동보다는 가정 내에서 활동하는 시간이 길 수 있기 때문에 가정 내에서의 관심과 보호는 더욱 필수적일 것이다. 유사한 원인은 인터넷을 통한 게임에서도 나타나고 있었으나 아래 〈A-1〉의 경험처럼 다문화가정이라는 환경과 함께 조금 더 복잡한 원인을 보이고 있었다.

제가 아는 이주여성이 게임중독이에요. 자기가 일하는 시간동안은 자기 아이더러 게임을 하라고 해요. 아이가 하고 싶지 않은데도 자기 엄마가 어렸을 때부터 가르쳐주니까 애가 하게 되요. 제 생각에는 엄마도 너무 중독 같아요. 엄마가 중독 됐으니까 아이들도 자동으로 중독되는 거죠. 〈A-1〉

먼저 인터넷 게임의 경우 위 사례와 마찬가지로 아이들을 관리하기 위해 인터넷 게임을 하도록 권장하는 경우가 나타났고, 어머니의 게임 중독이 아이에게 그대로 이어져가는 상황이 나타났다. 더 나아가 이러한 경우는 단순한 중독의 차원을 넘어서 아이의 심리적 안정감에 심각한 영향을 줄 수 있는 상황으로 보인다. 미디어중독이라는 미시적인 차원에서의 접근 뿐만 아니라 가정환경으로서의 거시적인 접근이 필요한 부분일 것이다. 유사한 맥락에서 다문화가정의 어머니들 뿐만 아니라 아버지의 경우에도 같은 현상이 일어날 수 있음을 확인할 수 있었다. 모든 경우에 해당되는 것은 아니겠지만, 다년간 다문화가정을 직접 방문하여 얻은 경험이라는 점에서 의미가 있을 것이다.

> 다문화가정의 경우엔 가정 형편이, 남편이 능력이 없는 집들이 많거든요. 그 사람들이 가정에서 거기에 (게임에) 빠져 있는 사람들이 거의 다 일거에요. 그것조차도 안하면 뭘 하겠어요. 그럼 아이들이 그걸 그대로 보고 배우는 거지. 〈B-1〉

이 경우도 다문화가정 청소년의 미디어중독이 가정환경의 맥락 안에서 파악되어야 함을 말해준다. 또한, 다문화가정 청소년들의 미디어중독 현상이 어머니들 뿐만 아니라 아버지들의 영향을 강하게 받을 수 있음을 확인시켜 준다. 즉, 다문화가정 청소년의 미디어중독 원인은 비단 어머니의 문화적응 과정에서 겪는 불안과 스트레스로만 국한되는 것이 아니라 가정이라는 총체적인 환경이 영향을 주는 것이라 하겠다. 자녀에게 있어서 가정환경은 언어와 문화를 습득하고 사회성을 기르는 데 중요한 역할을 하는 공간이다. 그 가운데 가족과의 상호작용은 매우 중요한 요인이라 할 수 있다. 그러나 실제로 다문화가정 구성원들은 문화적응 과정에서 굉장한 불안과 두려움을 겪고 있었으며 이로 인해 부부와 자녀사이의 갈등이 야기됨과 아울러 가정 자체가 불안정하게 되는 주원인으로 파악된다.

한편, 다문화가정 청소년들이 학교생활에서 겪는 어려움도 상당한 것으로 나타났다. 2011년 한국청소년정책연구원의 한국의 아동·청소년 인권실태에서 다문화가정 청소년의 차별 경험은 대다수가 주위사람인 학교 친구나 선생님으로부터 나타났다(김재우, 2011). 학교생활에서 외모나 말투, 학부모 모임 등을 통해 다문화가정 청소년이라는 것이 드러나기 마련이다. 문제는 이로 인해, 다문화가정 청소년들이 집단 내에서 다문화가정이라는 상황이 '다른 = 틀린'으로 받아들여질 수도 있다는 부정적인 측면을 생각하지 않을 수 없다는 것이다.

> 엄마 손을 잡고 계속 '엄마 학교 안 가고 싶어요' 해요. 자신이 없어서 걱정이에요. 집에서는 잘 놀아요. 그런데 엊그제 물어보니까 친구들이 귀신같다고 놀렸데요. 왜 그러는지 이해가 안돼요. 겁이 많아요. 화장실 혼자 못가요. 상담 받고 싶어요. 〈A-6〉

〈A-6〉은 자녀가 학교생활에 제대로 적응하지 못하는 모습을 보며 안타까움을 토로했다. 현재 공교육에서 다문화교육이 진행 중임에도 불구하고 일반학생과 다문화가정 학생 사이의 차별의 간극이 점차 깊어지고 있다. 이는 한국의 다문화교육이 다문화가정 학생들을 위한 교육, 한국문화이해를 위한 교육으로 국한되어 있기 때문이다(전경란, 2011). 한국가정과 다문화가정의 이분법적 틀을 깨트리고 다양성과 특수성의 이해가 목적이 되어야 할 교육이 오히려 다수성의 구조를 공고히 하는 부정적 결과를 만드는 것이다. 결국 이와 같은 교육은 또래 학생들로부터 다문화가정 청소년들이 주변인, 사회적 약자로 낙인 되는 상황을 낳으며 당사자들은 학교생활에 제대로 적응하지 못하고 늘 불안하고 외로운 객체로 생활할 수밖에 없다.

게다가 〈B-2〉의 경우처럼 부모의 결혼에 따라 한국에 살게된 다문화가정 청소년들의 경우 학교생활의 부적응이 더욱 심각한 것으로 나타났다.

> 저는 지금 초등학교 5학년 아이를 (방문교육)하고 있는데요. 여자아이다 보니까 인터넷 일본 만화에 빠져 있어요. 엄마가 일본분이시고, 일본에서 살다가 왔어요. 다섯, 여섯 살 때부터 초등학교 3학년 때까지, 그러니까 가장 언어를 배워야 할 시기에 일본에 갔다 온거에요. 지금은 초등학교 5학년인데 읽기는 다 읽어요. 그런데 무슨 말인지 단어를 모르는 거예요. 의미가 파악이 안되는 거예요. 애하고 수업을 하다보면, 올 한 해 하고 싶은 게 뭐니 하면 일본에 가고 싶대요. 친구들, 여기는 너무 힘들다는 거예요. 그런데 여기오니까 그냥 공부, 공부 하니까. 친구들과 제대로 어울리지도 못하고 매일 휴대폰 게임 만화하며 보내요. 〈B-2〉

〈B-2〉는 부모를 따라 중도입국 및 출·입국이 잦아지는 상황에서 자녀가 한국생활에 제대로 적응하지 못하고 있는 부정적 사례를 언급했다. 교육적 철학과 분위기가 전혀 다른 나라를 오가며 학교생활을 해야만 하는 자녀들은 결국 두 국가의 언어와 문화 그리고 교육시스템에 제대로 적응하지 못하고 방황하게 되는 어려움을 겪게 된다. 결국 자녀들은 학업적인 면이나 교우관계에 있어서 제대로 적응하지 못하고 미디어를 탐닉하면서 한국생활의 외로움을 해소하고자 하는 경향이 발생하는 것이다. 실제로 류윤석(2010)은 다문화 가정 학생들의 학교생활에서 나타나는 문제점으로 정체성 혼란, 낮은 학업성취도, 집단 따돌림을 지적하였는데, 급격한 환경변화에 마주하게 된 다문화가정 청소년들은 주위환경에 적절하게 어울리지 못하고 본국의 언어로 된 미디어에 중독될 확률이 높은 것으로 나타났다. 즉, 다문화가정 청소년들의 미디어중독은 학교생활에 의해서도 많은 영향을 받는 것으로 관측된다.

제가 가끔 TV를 못 보게 하면 큰아이가 그래요, 다른 친구들이랑 대화가 안 된다고 얘기해요. 친구들이랑 얘기할 거리가 없다고. 그래서 그런 얘기하면 안 되겠구나 생각해요. 어쩔 수 없이 보여줘요. 〈A-1〉

학교에서도 집에서도 혼자니까 아이들도 TV나 컴퓨터 절제가 안 되는 거지, 초등학교 5학년이면 사춘기가 오기 시작하잖아요. 아이하고 부딪히는 것이 싫어서도 많이 제재를 안 하시는 것 같아요. 〈B-2〉

한편, 〈A-1〉에서도 나타나듯이 다문화가정 청소년들이 또래집단에서 소외되지 않기 위해 미디어를 과용하는 경우도 있다. 그러나 더 큰 문제는 친구들과의 커뮤니케이션 부재가 오히려 미디어를 탐닉하는 성향으로 빠트릴 위험이 있다는 점이다. 그리고 청소년들이 사춘기로 접어드는 시기에는 더욱 가정과 학교의 보호와 관심이 필요하게 된다. 그러나 다문화가정 청소년들의 경우 부모와의 상호작용이 심각하게 결여되어 있을 뿐 아니라, 학교생활 역시 상급학교에 진학할수록 정상적인 교우관계 형성과 학습결손, 차별로 인한 학교의 부적응 정도가 더욱 심각해지고 있었다. 결국 학교와 가정에서 늘 혼자인 시간이 많은 다문화가정 청소년들은 자연적으로 미디어를 많이 접하게 되며 심각해질 경우 미디어를 탐닉하며 가정과 사회적 환경으로부터 도피하려는 경향을 가질 수 있다.

이처럼 다문화가정 청소년의 미디어중독은 정체성 혼란을 겪고 있는 청소년들의 내부적 상황과 다문화가정 및 학교생활의 환경이 복합적 원인으로 작용하고 있었다. 따라서 다문화가정 청소년들의 미디어중독예방 방안을 탐색하는 과정은 개인 내부의 정체성 혼란과 더불어 가족, 사회의 환경적 측면까지 함께 고려해 나가야 한다.

제3절 미디어중독 예방을 위한 방안

앞에서 우리는 다문화가정의 청소년에게 나타나는 미디어중독의 현상과 원인에 대해 확인하였다. 여기에서는 앞서 확인된 중독의 현상과 원인을 어떻게 해결할 수 있는지에 대한 제안을 살펴볼 것이다. 하지만 아직까지 다문화가정 청소년을 참여주체로 하는 미디어교육의 개념이 확실하다거나, 미디어 교육이 다양하게 이루어지고 있는 것은 아니다(강진숙, 2009; 박혜미, 2008). 또한, 앞서 살펴본 것처럼 다문화 미디어교육은 경우에 따라 '미디어를 활용한 다문화교육', '미디어를 활용한 언어 교육' 등과 혼재되어 나타나고 있으며 연구 참여자들 또한 이러한 개념상의 모호함을 가지고 있었다. 따라서 부모 및 전문가의 의견을 바탕으로 하되 이론적 배경에서 진행되었던 미디어교육에 대한 논의를 더하여 다문화가정 청소년이 참여주체가 되는 미디어교육 방안을 제시하고자 한다.

1. 다문화관련 인식개선의 필요성

인터뷰 참여자들은 자신들, 혹은 자신의 자녀들이 '다문화'라는 용어로 구분되는 상황을 부정적으로 인식했으며, 이는 다문화가정을 자주 접하는 전문가들에게도 동일하게 나타났다.

나는 모든 취지는 좋은데 앞에 다문화라는 것을 붙이면 거부감이 들거든요. 나는 목적이 다문화가정 애들이 다문화가정 애들이랑 차별이 안 가게 어울리는 게 목적인 이상 같이, 똑같이 진행되어야 한다고 생각해요. 왜냐면 애들이 습득이 빠르기 때문에 놀면서 어울리다 보면, 하루 이틀 합숙한다거나 하면 금방 배우거든요. 그래서 다문화가정이라는 것을 뺐으면 좋겠어요. 다문화 애들이라고 한국 애들이랑 차별이 나는 게 아니거든요. 월등할 수도 있는데, 서로 장단점을 보완할 수 있는 게 좋아요. 얼마 전에 JTBC 드라마를 보면 학습열풍 다룬 드라마인데, 미리 다문화가정 애들이랑 어울리면서 서로 배우는 거예요. 그것도 하나의 경력에 들어간다는 거예요. 그래서 한국 애들은 다문화가정 애들한테서 취할 건 취하고, 다문화가정 애들은 한국 애들의 평범한 일상을 배우고, 이걸 미리 하자고 하는 거죠. 저거 딱 좋다고 생각했죠. 〈C-3〉

아이들은 자기가 중국말 한국말 하는 걸 스페셜하다고 생각하지 않아요. 그런데 아이들이 나이가 들어가니까, 엄마가 다르다는 걸 별로 좋아하지 않는다. 다른 게 싫은 거예요. 엄마가 중국 사람이니까 학교 와서 뭐 해달라고 선생님들이 얘기하는 거 싫어해요. 근데 다른 엄마들이랑은 틀리니까 그걸 싫어하는 거에

요. 아이들은 그냥 평범한 걸 좋아하니까. 〈A-2〉

　제가 생각할 때 다문화 청소년이라는 것은 환경이 둘 중에 한 부모가 다른 나라일 때 다문화인거지. 한국 사회에서 살고 있는 똑같은 아이들이거든요. 그런데 구별을 해서 이 아이들은 다문화라고 하는 것은 접근 방법이 틀렸다고 생각하구요. 청소년이나 초등학생이나 미디어중독에 대한 것은 한국 사람이랑 다 똑같이 교육이 들어가야 한다고 생각해요. 가정들도 원하는 게 그거에요. 〈B-4〉

　위 의견 중 〈C-3〉의 의견은 다문화라는 이름으로 아이들을 구분짓는 것에 대한 강한 거부감을 드러냈다. '다문화'라는 용어가 들어감으로 해서 전혀 차이가 나지 않는 아이들의 차이가 오히려 나타난다는 것이다. 오히려 다문화가정의 아이들과 비다문화가정 아이들이 함께 어울릴 수 있는 자리를 마련하여 교육을 진행하는 것이 서로에게 더 이익이 될 수 있다는 점을 언급했다. 〈A-2〉 또한 유사한 의견을 보였는데, 청소년기 아이들의 특성상 자신이 남들보다 튀거나 특별하다는 시선 보다는 그저 평범하고 싶은데도 불구하고, 학교나 정부에서 다문화가정이라는 이유로 무엇인가를 요구하는 것이 오히려 아이들에게 좋지 않은 영향을 미칠 수 있다는 점을 우려했다. 같은 맥락에서 〈B-4〉는 다문화 청소년이라는 개념 자체에 대한 의문을 제기하였다. 다문화가정이라는 개념은 부모차원에서 나타날 수 있는 것이며, 아이들의 문제로 넘어갔을 때는 다문화가정과 비다문화가정의 경계가 사라지고 똑같은 '청소년'들만 남는다는 것이다.

　이러한 의견들은 한국 다문화사회의 현 주소를 비판하고 있는 것으로 보인다. 한국에서의 다문화란 다문화에 대한 이론적 고찰이 부재한 상태에서 정부 주도의 정책추진으로 인해 받아들여진 개념이라 할 수 있다. 그러다보니 한국의 다문화는 문화의 다양성을 위한 기제가 아닌 외국인 관리 정책을 포장하는 수준에 머물러 있을 뿐이다. 더군다나 최근 '외국인혐오증, 다문화 = 민족말살정책'으로 나타나는 반다문화주의 현상들은 한국에서 다문화라는 개념이 얼마나 오용되고 있는가 반증하기도 한다(조동환, 2012). 이와 관련해 신만섭(2012)은 한국의 다문화 현상이 정치적으로는 국민적 합의도 없고 법적으로는 헌법체계를 위반할 뿐 아니라 사회, 문화적으로는 제대로 정의되지 않은 다문화라는 용어를 확산시키면서 혼란을 야기한다고 비판하고 있다.

　이론적 논의에서 살펴본 바와 같이 다문화는 국가나 인종, 민족의 문제에 국한되지 않는다. 다문화란 이주노동자·여성·장애인·청소년 등 사회 내 소수자 담론까지 포함하면서 다수자에 의해 고정되었던 구조를 뛰어넘어 각 소수자들의 주체성을 발견해 내는 가능성을 의미한다. 그러나 문제는 이와 같은 다문화의 개념이 국내의 정책에서는 내국인과 외국인을 구분 짓고 외국인들이 한국문화에 적응하고 동화할 수 있는 차원으로 머물러 있다는 점이다. 결국 사회구성원들의 다문화에 대한 이해 결여는 다문화의 반감을 사는 결과를 초래하게 되었다. 한편 조금 더 거시적인 맥락에서 현재 한국사회에서 이루어지고 있는 다문화의 개념을 비판적으로 바라보는 시각도 존재했다.

> 정부의 개념에는 가난한 나라에서 온 가정에 한 해서만 다문화가정이라고 해요. 만약에 미국에서 와서 결혼해도 다문화가정 아니에요. 다문화가정 자체의 개념이 좁아요. 못 사는 나라에서 와서 결혼한 사람들만 다문화가정이에요. 〈C-1〉

〈C-1〉은 다문화 기제가 이주노동자와 이주여성, 다문화가정 청소년에게 국한되는 개념으로 이용되면서 오히려 백인—국민의 권력적 질서를 공고히 하고 있음을 비판하고 있다. 이러한 개념에서 다문화가정 구성원들은 사회적 약자·시혜적 객체로 치부될 수밖에 없다. 이는 한국의 다문화가 얼마나 오용되고 있는가에 대해 전적인 사례를 보여주면서 다문화에 대한 보다 급진적인 이해가 필요함을 시사하고 있다. 다문화 본래의 의미는 주변화된 개인들의 권리와 인권의 주목에 있다. 들뢰즈(1968/2004)의 표현을 적용하자면 피부색과 문화의 차이는 차별이 아니라 긍정이다. 그리고 이 차이를 갖고 있는 다문화가정 구성원들은 차이의 특별함을 통해 새로운 주체성을 발견해 나갈 가능성을 갖는다. 이러한 의미에서 다문화가정은 다수자의 헤게모니와 배타적인 동일성에 균열을 일으키면서 기존의 위계적 질서를 변형시킬 수 있는 집단으로 이해 가능하다. 즉, 다수성에 의해 굳어진 구조와 권력에서 벗어나 분자적 혁명을 일으킬 수 있는 잠재적 존재인 것이다.

결국 한국의 다문화가 성장하기 위해서는 사회 구성원 간의 차이가 차별로 인식되고 있는 구조적 결함에서 벗어나 차이 그 자체를 긍정적으로 받아들일 수 있는 인식의 개선이 필요하다. 하지만 다문화가정 구성원들의 노력만으로는 성립될 수 없다. 다문화가정과 한국인들이 함께 실천해야만 이뤄질 수 있는 것이다.

> 다문화라는 것은 다양한 문화예요. 한국 사람도 껴야 다문화가 될 수 있다는 생각이 들어요. 진정한 다문화는 한국 사람도 다 같이. 오히려 떨어트려놓으면 구별이 되는 거라 진행이 안돼요. 〈B-2〉

〈B-2〉는 다문화의 근본적 의미에 대해 명확히 직시하면서 한국의 다문화가 나아가야 할 방향에 대한 의견을 내비쳤다. 다문화는 외국인만을 위한 것이 아니라 한국인과 외국인 모두가 함께 참여해야 하는 하나의 실천이다. 이는 소수자와 다수자 간의 편견 없는 접속을 통해 함께 소수성을 획득하는 과정(—되기)을 구축, 다문화에 대한 발전된 인식과 적극적인 정책참여를 의미한다. 그리고 나아가 국가와 인종에 대한 차별을 극복해야 한다. "백인이건 황인종이건 아니면 흑인이건 인종을 불문하고 우리는 모두 비(非) 백인이 되어야 하는 것이다."(Deleuze & Guattari, 1980/2001, 899쪽)

한편, 〈C-1〉은 국내의 미디어 프레임이 다문화가정과 한국 사회의 간극을 심화시키는 요인 중 하나임을 비판했다.

한국에서는 다문화가정 아이에 대해 미디어에서 많이 보도해요. (정해진) 이미지가 있는 것 같아요. 다문화가정 아이들은 이런 이미지라고 미디어에서 말하니까, 다른 사람들이 다문화가정 아이들을 어떻게 보는지 생각하게 돼요. 물론 한국말 못하고 적응 못하는 아이도 있긴 해요. 그런데 그렇다고 모든 다문화가정 아이들이 그렇다는 식으로 미디어에서 보도하는 것은 아닌 것 같아요. 〈C-1〉

제 생각에는 TV에서 방영되는 다문화가정들이 잘살고 훌륭한 케이스를 보여주기 보다는 좀 더 어려운 환경에 있는 사람들, 도와줘야 되고 이러다보니까 이 사람들이 다문화가정이라고 드러내는 게 힘든 거예요. 다문화라고 하면 이 사람들이 나를 어렵고 힘들게 사는 사람이라고 보겠지, 이런 상황들이 만들어지니까. 나오기가 싫은 거죠. 방송을 할 때 방송 자체가 잘되고, 성공 케이스들을 소개하다보면 그 인식이 높아져서 다문화인 게 자랑스럽고 이런 상황이 먼저 전개가 돼야 된다고 생각하거든요. 〈B-4〉

이처럼 한국 사회의 미디어는 다문화가정 청소년들을 차별적 존재, 사회적 약자로 규정하면서 한국 사회의 부적응자로 구별 짓고 있다. 이는 들뢰즈·가타리의 설명과 같이 매스미디어가 미리 설정된 형식들과 결정된 정도 내에서 두 개체(국민/이주민, 백인/유색인종)로 이분법화 하는 프레임에 갇혀 있기 때문이다. 이러한 이분법 구조 안에서는 소통의 가능성을 가늠할 수단도 갖지 못한다(Deleuze & Guattrai, 1980/2001). 결국 소통이 목적인 미디어가 이데올로기의 도구로 전락하고 마는 것이다. 그러나 소통이라는 미디어의 순기능에 보다 방점을 둔다면 미디어는 혁명적 도구로 변화하게 된다. 가타리(Guattari, 1977/1998)는 미디어를 사회적 구조 안에서 해석할 것이 아니라 차이를 지닌 다양체들이 접속하는 상황에 따라 새로운 형태의 생산과 산출이 가능한 움직임을 동반한다면 미디어는 중요한 해방의 도구로 발전할 수 있음을 설명했다. 이러한 측면에서 미디어는 다문화가정 청소년들의 소수성을 구현해 나갈 수 있는 매개체로 이해가능하다.

나아가 〈C-2〉는 다문화의 한계를 극복할 수 있는 방안으로 미디어의 가능성을 언급하기도 했다.

> 제대로 된 영상이 필요하지 않을까. 왜냐하면 이 아이들이 한국 아이라는 것을 인정하든지. 우리가 다문화 가정 아이들에게 도움을 주고, 한국 사회가 잘 되기 위해서 다문화가정이라고 하지만, 우리가 이 아이들도 한국 사람이라고 인정하는 인식 개선을 위한 노력이 필요하지 않을까. 〈C-2〉

〈C-2〉는 대중미디어를 통해 전파될 수 있는 콘텐츠를 제작하여 다문화 인식개선을 위해 노력해야 한다고 설명했다. 이러한 측면에서 미디어는 사회 구성원에게 다문화사회의 문제점을 고발하고 다문화에 대한 이해와 성찰을 돕는 좋은 매개체로 활용될 것이다.

이와 같은 미디어의 순기능을 잘 활용한다면 다문화가정 청소년들을 위한 미디어교육은 기존미디어가 쏟아내는 다문화가정 프레임에 대해 비판적으로 접근하며 소통의 창구로서 미디어를 이용할 수 있는 역동적인 장으로 변화 가능하다. 더군다나 다문화가정 청소년들의 미디어중독이 우려되고 있는 지금 이 시점에서 미디어에 대한 올바른 이해와 이용을 목표로 하는 미디어교육은 필수적이라 할 수 있다.

2. 가족구성원을 포함한 미디어교육의 필요성

앞서 다문화가정 청소년의 미디어중독 현상과 원인에서 살펴본 것처럼, 청소년의 문제는 부모들과의 관계에서 유발되는 경우가 많음을 알 수 있다. 따라서 연구 참여자들은 부모가 먼저 바뀌어야 아이들이 바뀔 수 있다는 의견을 제시하였다.

주변에 이러한 경우 꽤 있는 것 같아요. 주변 이웃도 그렇고, 친구 아이도 그렇고. 그런데 제가 봤을 땐 엄마가 달라지면 해결될 수 있을 것 같아요. 부모가 문제라고 생각해요. 그래서 부모가 달라지면 아이가 바뀔 수 있다고 생각해요 다행히 우리집 같은 경우에는 아빠가 호랑이 아빠라서 아빠가 '꺼!' 하면 끄거든요. 〈B-3〉

일단 엄마들이 잘 해야 애들도 좋은 영향을 받는 거에요. 〈A-2〉

아이들을 위한 프로그램 있어요. 초등학교 아이들 위한 프로그램 있어요. 그런데 시어머니가 그런 프로그램 안 봐요. 제가 켜주고 싶어도 유치원이나 과학이나 진짜 좋은 프로그램이에요. 재밌어요. 시어머니는 맨날 드라마잖아요. 계속 반복되고. 잘 이해 안 되도 계속 봐요. 시어머니께 무슨 내용이냐고 물어봐도 잘

모른데요. 그냥 틀어놔요. 〈A-6〉

위의 사례들은 다문화가정의 부모, 더 나아가 가족 구성원들이 자녀들을 위해 달라져야 함을 말해준다. 가족 구성원들의 미디어 이용습관이 아이들에게 영향을 미칠 수 있다는 점을 우려하는 것이다. 특히, 〈A-6〉의 경우는 아이들에게 유익한 프로그램이 있다는 것을 알고 있음에도 불구하고 가족 구성원의 어른인 시어머니의 미디어 이용습관 때문에 곤란을 겪는 모습을 보여주었다. 따라서 다문화가정 청소년의 미디어중독 현상을 해결하기 위해서는 청소년, 혹은 이들의 부모뿐만 아니라 이들이 속한 가족 구성원들 전부가 교육의 참여자가 되어야 한다.

그렇다면 부모를 대상으로 하는 교육에는 구체적으로 어떠한 방안이 있을까? 참여자들은 단순히 부모들의 이용습관이 변해야 한다는 추상적인 의견보다 경험에 기초하여 문제를 해결하기 위한 구체적인 의견을 제시하였다. 먼저, 참여자들은 아이들을 적절하게 지도할 수 있는 능력을 갖추어야 한다는 의견(아래, A-1, 6)에서부터, 다문화가정의 부모가 미디어중독의 문제점을 인지하는 것이 필요하다는 의견까지 다양한 스펙트럼의 의견을 보여주었다.

엄마들한테 미디어교육을 진행해서 안정적으로 되어야 아이들이 좋은 영향을 받는 것 같아요. 나도 내가 못하니까 아이에게 이렇게 해라 저렇게 해라 당당하게 말할 수 없어요. 〈A-1〉

부모가 배워야 한다고 생각해요. 부모들이 나쁜 프로그램 못
하게 해야 해요. 좋은 프로그램 보면서 얘기해줘야 해요. 나도
인터넷 보면서 많이 배웠어요. 엄마아빠도 아이들 위한다면 배
워야 해요. 〈A-6〉

먼저 위의 〈A-1, A-6〉은 다문화가정 청소년의 부모들이 아
이들을 적절하게 지도할 수 있는 능력을 갖추어야 함을 제안
했다. 부모들이 아이들의 이용습관을 지도하지 못하는 것은,
이들이 아이들의 미디어중독을 예방하기 위해 컴퓨터 같은 특
정 미디어를 적절하게 사용할 줄 모르기 때문이라는 것이다.
또한, 미디어의 기능에서 콘텐츠의 문제로 넘어갔을 때는 부모
들 스스로 좋은 프로그램과 나쁜 프로그램을 가리고, 아이들과
함께 나쁜 프로그램의 문제점을 비판적으로 시청하거나 좋은
프로그램의 장점을 적극적으로 지도할 수 있어야 함을 말해준
다. 나아가 〈B-2, 3〉은 컴퓨터의 과다한 이용을 방지하기 위
한 프로그램 설치에 대해 구체적으로 언급하고 있다.

제가 깜짝 놀랐던 게, 엄마가 (노트북의) 전원을 꺼버려요. 아
이한테 얘기를 했는데 꺼버리니까, 아이가 노트북을 던진 거예
요. 그런데 이제 그럴 경우, 엄마가 차단되는 프로그램이 있잖아
요. 그런데 그걸 설치할 줄 모르는 거잖아요. 이민자들도 컴퓨터
를 잘 모르기 때문에, 아니면 인터넷을 설치할 때 초등학생이나
청소년이 있다면 컴퓨터 속에 어렵지 않게, 클릭만 하면 사용할
수 있다든가, 아니면 시간제한을 할 수 있는 프로그램을 깔아 준
다든가, 쉽게 할 수 있는 방법 등을 컴퓨터에 인터넷을 설치할

때 설치한다든가 해준다면 쉽게 해줄 수 있지 않을까요. 〈B-2〉

저는 그걸 생각해 봤어요. 인터넷을 하게 되면 시간을 재서 30분 단위로 알람이 나오는 거예요. '당신의 눈이 얼만큼 나빠지고 있다.' '측만증이 어떻게 진행되고 있다', '살이 얼마 찐다' 이런 쪽의 경고음이 나왔으면. 〈B-3〉

아이들의 과도한 컴퓨터 이용을 막기 위해서는, 프로그램을 검색하여 내려 받아 설치하고, 목적에 맞게 시간이나 접속차단 사이트를 설정하는 것이 필요하다. 그 존재를 알고 있지만 활용이 힘들다는 것은 다문화가정 부모님들에게 컴퓨터 활용능력 전반에 대해 교육하는 미디어교육 과정도 필요하지만, 이들이 가정에서 실질적으로 원하는 교육내용을 미리 파악하는 것이 중요하다는 점을 말해준다. 컴퓨터 활용에 대한 전반적인 교육이 일정 시간 진행된 후에는 미디어중독을 예방하는 데 필요한 차단 프로그램과 같은 세부적인 활용교육, 즉 미디어에 대한 능동적인 이용교육이 필요한 것이다.

여자애가 사춘기예요. 아들이랑 딸이랑 나이 차이가 나서 같이 안 봐요. 작은 애는 방으로 들어가요. 공부하다가 쉬는 시간에 TV 보고, 잠 안 오면 TV 보고. 주로 드라마, 젊은 연예인들 나오는 것 많이 봐요. 학교 폭력 같은 것 제가 설명하지 못하니까 그때는 같이 보면서 얘기해요. 새벽 한 시까지 같이 봤어요. 제가 외국 사람이라 잘 모르니까, 학생 입장에서 같이 봤어요. 좋은 방법으로 쓰일 수도 있는 것 같아요. 〈A-4〉

존댓말 사용하는 거 보고 배울 수 있게. 이렇게 행동하면 안 돼요. 가르쳐 주면 좋을 것 같아요. 아줌마들 머리 잡고 싸우고 남자 학생들 때리고. 이런 거 좋지 않다고 생각해요. 요즘 서점에 가면 과학이나 수학이나 만화로 재밌게 나와요. 좋은 거 많아요. 재밌고 배울 수 있는 것들로 인터넷에도 생겼으면 좋겠어요. 예전에 아이들 나쁜 만화책에 중독 많았어요. 요즘 만화책으로 공부도 할 수 있고, 재미있게 느낄 수 있어요. TV나 인터넷이나 이런 거 했으면 좋겠어요. 〈A-6〉

TV 보면서 배우는 점들도 있어요. 그러니까 TV에서 좋은 프로그램들이 더 많아 져야 한다고 생각해요. 대화법도 배울 수 있어요. 그런데 프로그램 나쁜 게 많아서 아이들 함께 못해요. 〈A-7〉

반면 〈A-4, 6, 7〉의 경우는 미디어의 생산물을 긍정적으로 이용할 수 있으면 좋겠다는 의견을 보였다. 미디어중독은 단순히 과도한 이용으로 인한 문제를 생산하는 것이 아니라, 부가적으로 미디어에 나타나는 모습을 모방하고 학습한다는 점에도 있다. 〈A-4〉는 아이와 함께 TV를 보면서 습관을 지도하고 부정적인 장면에 대해 이야기를 나누었다는 점을 언급했다. 하지만 본인이 외국인이기 때문에 TV에서 나오는 내용을 모두 이해할 수 없다는 점 또한 함께 언급하였다. 따라서 아이들의 미디어중독을 위한 미디어교육의 차원에서, 다문화가정의 어머니들을 대상으로 할 경우 프로그램을 보고 어떠한 점을 비판적으로 시청하고 어떠한 점을 받아들여야 하는지에 대한 이해교육이 포함되어야 함을 알 수 있다. 〈A-6, 7〉의 경우도 유사한 의견을 보였고, 더 나아가 학습에 도움이 되는 콘텐츠가 더 많아야 함을 제안했다. 프로그램 제작의 문제는 미디어교육의 차원에서는 이루어지기 힘든 부분일 수 있으나, 미디어교육이 이러한 프로그램들을 찾아내는 법, 긍정적인 프로그램의 소개, 아이들이 긍정적인 프로그램을 보도록 유도하는 법 등을 포함할 수 있을 것이다.

다문화가정에서 나타나는 대표적인 현상 중 하나로, 이주여성인 어머니와 아이들 간의, 혹은 가족들 간의 소통문제가 나타난다는 점을 앞서 확인하였다.

> 다문화가정의 경우 대화법을 잘 몰라요. 애들이 인터넷에 푹 빠졌잖아요. 어떻게 아이들의 마음을 상하지 않게 대화를 할 수 있을지 배우고 싶어요. 시어머니는 TV 너무 좋아하시는데, 아침부터 저녁까지 봐요. 제가 시어머니 마음 상하지 않게 말하고 싶어요. 아이들을 이해해주라고, 아이들을 위해 TV 시청을 줄여달라고 말 하고 싶어요. 대화법을 알려줬으면 좋겠어요. 〈A-6〉

이러한 소통의 문제는 아이들의 미디어 이용습관을 지도함에 있어서 중요한 역할을 하게 되는데, 본인이 아이들이나 가족들의 문제점을 인지하고 있더라도 이 문제를 어떻게 해결해야 하는지, 즉 어떻게 대화로 풀어나가야 하는지를 고민하는 경우가 발생할 수 있다. 여기서 중요한 것은 아이들의 미디어중독이나, 아이들의 미디어중독에 영향을 미칠 수 있는 가족들의 행동을 어떻게 해결할 수 있느냐는 점이다. 따라서 다문화가정 청소년들의 미디어중독을 위한 미디어교육을 진행할 경우, 이들과 가장 밀접한 관계를 맺고 있는 어머니들에게 아이들을 상대로 한, 혹은 가족을 상대로 한 대화법, 즉 문제해결능력을 교육하는 것이 효과적일 것이다. 이는 다문화가정 청소년들의 미디어중독 문제에 있어 어머니들의 역할이 매우 중요하다는 점을 상기시켜줌과 동시에, 이들의 미디어중독이 환경적인 요소를 고려해야만 하는 것이라는 점을 일깨워준다. 뿐만 아니라, 미디어 기기의 속성 자체가 다문화가정 청소년들의 미디어중독에 영향을 미칠 수 있다는 의견 또한 확인할 수 있었다.

> 정상적인 사회성이 결여된다거나, 사람들하고 만나서 대화하고 어울리고 이런 것을 못 배워서 그러지 않을까 싶어요. 어릴 적부터 카카오톡 같은 대화방식에 익숙해지면, 온라인상의 대화에 익숙하다거나 하면 만나서 대화하는 것을 불편하게 여겨요. 이러면 미디어중독에 빠질 수 있을 것 같아요. 어릴 때의 미디어중독이 결국엔 커서의 미디어중독을 만들 수 있지 않을까 싶어요. 어릴 때부터 잘 차단해주고 해야 하는 것 같아요. 〈C-3〉

다문화가정 청소년의 경우 외모나 말투, 가정의 환경으로 인해 대외생활, 사회생활에서 고립될 가능성이 있다. 이러한 상황에서 타인과 직접 마주하지 않은 상태로 타인과 소통할 수 있는 휴대폰은 이들이 도피할 수 있는 도구로 사용될 수 있는 것이다. 이 경향이 점점 심해지면 위 의견처럼 중독현상으로 나타날 수 있는 것이다. 또한, 여기서도 어머니들의 지도

가 중요하다는 점을 제시하는데 TV나 컴퓨터와는 달리, 스마
트폰이 매우 개인화된 기기라는 점을 고려할 때 더욱 많은 주
의를 기울여야 할 것이다.

하지만 위 사례들처럼 다문화가정의 부모들이 미디어의 부
정적인 역할을 인지하였음에도 그에 대한 대처방법을 알지 못
하는 경우가 있는 반면, 다문화가정의 부모가 미디어중독의 문
제점을 인지하지 못하고 있다는 의견도 존재했다.

> 우리가 만나는 사람들은 결혼이주민 엄마들인데요. 엄마들이
> 우선 이것이 잘못됐다는 것을 알고, 아직 그런 것들이 잘못됐다
> 는 교육이 없잖아요. 따로 하면 안 되고 한 단원으로 들어가서
> 넣어줄 수 있도록 하면 좋을 것 같아요. 교재가 있거든요. 단계
> 별로. 그 안에 들어 갈 수 있을 것 같아요. 사실 부모님이 제일
> 많이 영향을 끼치거든요. 남편이 하루 종일 컴퓨터를 하고 있어
> 도, 남편이 나쁘지 애한테는 어떤 영향을 끼칠거라고 생각 잘 못
> 하거든요. 그런 것에 대한 인식 개선이 필요한 것 같아요. 〈B-1〉

이는 다문화가정의 부모들, 특히 결혼이주민 어머니들이 부
모의 미디어 이용 습관이 아이들에게 어떠한 영향을 미치는지
모를 수 있다는 점을 시사한다. 자신의 남편, 혹은 본인이 과
도한 미디어 이용습관을 가지고 있는 것이 아이들에게 어떠한
영향도 미치지 않는다고 판단하거나, 그 행동으로 인해 아이들
이 무엇을 보고 배울지 알지 못한다는 것이다. 이와 같은 의
견은 다문화가정 어머니들의 미디어 이용습관을 바꾸어 아이
들의 이용습관을 개선하거나, 좋은 프로그램을 선별하고 비판

적인 시청습관을 배양하는 것, 혹은 차단 프로그램의 설치기술 등을 교육하는 미디어교육에서 더 나아가, 자신들의 행동이 아이들에게 어떠한 영향을 미칠 수 있는지 스스로 판단하게 하는 교육까지를 포함해야 한다는 것을 의미한다. 이는 매우 의미 있는 지적으로, 부모들의 나쁜 시청습관이 아이들에게 부정적인 영향을 미칠 수 있다는 상식적인 판단이 모두에게 적용되는 것이 아니기 때문에 이러한 의식교육이 필요하다는 점을 말해준다.

특히 〈B-1〉이 언급하고 있는 '교재'는 다문화가정 방문 지도사들이 교육 시 활용하는 교재를 말하는데, 이들 다문화가정 방문 지도사들에게 미디어교육을 실시하고 교재에 미디어교육 관련 내용을 추가하여 공식 프로그램으로 지정하는 방안을 생각해 볼 수 있다. 다시 논의하겠지만, 다문화가정의 특성상 집합교육이 힘들다는 점을 고려하였을 때, 이미 존재하는 다문화가정 방문 지도사 시스템을 적절히 활용하는 것이 다문화가정 청소년들의 미디어중독을 예방하거나 완화하는 직·간접적인 방법이 될 수 있을 것이다.

또한 기존에 출판되어 있는 미디어교육 관련 책자들을 이용할 수 있는데, 특히 강진숙 외(2010)의 저서인 『청소년 TV 휘어잡기』는 청소년의 TV중독을 예방하고 완화하기 위한 목적을 가지고 있는 교재이며, 교수자용과 학습자용이 분리되어 있어 교육에 활용하기에 적절하다. 뿐만 아니라 한국어 외에, 영어, 베트남어, 중국어로 번역되어 있어 한국어가 서툰 다문화가정 부모나 아이들에게도 얼마든지 교육을 진행할 수 있다. 일선 현장에서는 이미 존재하는 이러한 자원을 적극 활용하여 미디어교육을 진행하는 방안이 고려되어야 할 것이다.

다문화가정의 청소년의 미디어중독 예방과 완화를 위해 부모나 가정의 역할이 매우 중요하다는 점도 지속적으로 제시되었다. 특히 소통의 문제가 언급되었는데 참여자들은 '한국어'라고 하는 본질적인 문제를 해결해야 함을 제안했다.

> 지난번 러브인아시아에는 한국에 초창기에 왔을 때 한국어 실수담이 나왔어요. 태국에서 와서 시아버지에게 실수를 했대요. 자기는 좋은 말인 줄 알고 둘째 며느리가 큰집의 아이한테 '아이고 내 새끼 왔어' 하는 거를, 시아버지에게 '아이고 내 새끼 왔어' 한 거에요. 그래서 되게 혼났대요. 가릴 말, 안 가릴 말 모르고. 한국 사람이 하는 말은 다 한국말인 줄 알았대요. 쓸 수 있는 말 없는 말 구분을 못하는 거죠. 〈B-3〉

> 어차피 접하는 것인데 긍정적으로 이용하게 해주면 좋을 것 같아요. 제가 보는 중국사람 두 명이 듣는 것과 말하는 것을 못해요. 왜냐 접할 기회가 없어요. 가정에서는 한국어가 서툴다고 상대를 잘 안 해주려 하고 그 외에는 현지 사람을 만날 기회가 없잖아요. 가정에서 아이 낳고 기르다보면 공부도 힘들어요. 누군가를 만나면 두려움이 있어서 말을 못하는 데, 제가 어떤 대안이 있을까 생각을 하다가 TV 시청을 통해서 드라마에 폭 빠져서 봐라. 모르는 것도 있고 알고 있는 것도 있지만 자꾸 이렇게 하다보면 귀가 좀 열릴 것이다 했어요. 이 책 『청소년 TV 휘어잡기』를 보는 순간 딱 생각이 난 것이, 어떤 드라마를 본다 해도 이런 것을 보면서 시청할 수 있는 그런 방법이 있다면 참 도움

이 되겠다는 생각이에요. 〈B-1〉

　우리가 한국말이 부족하니까 애들한테 설명을 다 해주지 못해
요. 만약에 TV프로그램이 하는 방법으로 아이들에게 도와줄 수
있는 방법이 없을까. 엄마만 보면 애들한테 설명하는 게 10%밖
에 전달 안돼요. TV프로그램 같이 보고 애들에게 잘 전달될 수
있도록 하면 좋을 것 같아요.〈A-6〉

먼저 위의 〈B-3〉의 경험에서처럼 한국어에 익숙하지 못한
이주여성들이 많은 것이 사실인데, 이들은 다문화가정 청소년
들의 미디어 이용습관을 적절하게 지도할 수 없을 것이다. 따
라서 이들에 대한 한국어 교육이 우선적으로 필요하다는 점을
알 수 있다. 〈A-6〉 또한 같은 의견을 보였는데, 본인의 한국
어 실력이 부족하여 아이들을 적절하게 지도할 수 없다는 점
을 아쉬워하며, TV에서 방영되는 프로그램을 제대로 이해하고
아이들과 이야기를 나눌 수 있는 방안에 대해 고민하고 있었다.
　사실 한국어교육은 이미 다문화지원센터의 중심 프로그램으
로 진행되고 있으나, 미디어중독 예방이나 완화를 위한 미디어
교육을 위해서는 미디어를 적극적으로 활용하는 것이 필요해
보인다. 이는 '미디어를 활용한 언어교육'으로 엄연한 의미의
'미디어교육'과는 개념상의 차이가 있다. 하지만 〈B-1〉의 의견
처럼 드라마 등을 통해 언어를 습득하면서도 적절한 교재와
교육이 뒷받침 된다면, 미디어를 활용한 언어교육과 비판적 시
청이라는 미디어교육을 함께 수행할 수 있다는 점이 확인되었
다. 미디어교육이라는 큰 범주 안에서 드라마 등 영상물을 통

해 언어교육을 진행하고, 그 과정에서 부모들의 비판적 미디어 활용을 위한 교육이 함께 이루어질 수 있는 것이다. 드라마와 같은 미디어의 생산물을 통해 언어를 습득하여 언어나 문화에 대한 이해능력을 높이고, 이렇게 높아진 능력을 바탕으로 비판적 미디어 이용이 가능해지는 것이다. 이는 부모 자신의 능력에만 국한되는 것이 아니라, 다문화가정 청소년들이 적절한 지도를 받을 수 있다는 점에서 중요한 역할을 할 것이다. 이러한 과정에 있어서도 『청소년 TV 휘어잡기』(강진숙 외, 2011)와 같은 기존에 출판된 책자들이 한국어 외에 베트남, 중국어 등으로 번역되었다는 점에서 중요하게 사용될 수 있다.

이와 같은 의견에서 더 사회적인 차원으로 나아가, 다문화가정 부모를 위한 사회전반적인 학습 시스템이 갖추어져야 한다는 의견도 존재했다.

> 베트남에서 시집온 사람들은 초등학교 졸업 못하고 온 사람이 많아요. 10명 중 8명 정도에요. 대학교는 1명 정도 있어요. 대학교 졸업한 사람은 거의 없어요. 다문화센터에서 학교에 대한 정보들, 한국 언어, 취업할 수 있는 것에 대해서 알려줬으면 해요. 아이들은 부모들에게 영향을 많이 받으니까. 처음에는 개인의 문제라고 생각했지만, 지금은 사회의 문제이고, 적극적으로 개입되어야 해요. 도와주긴 하는데 대충대충 하니까, 알아서 해라 이런 식으로 나와요, 좀 더 적극적으로 해줘야 해요, 이야기 하고 싶은데 어디서 얘기해야 하는지 알지 못할 때도 있어요. 〈A-1〉

위 의견은 베트남 이주여성들의 예를 언급하며 이들의 교육

수준이 전반적으로 높지 않기 때문에 다문화가정 청소년이 미디어중독 등 많은 영향을 받는다는 것이다. 결국 거시적인 차원에서 이주민 여성들에게 다양한 교육을 진행함과 동시에, 취업기회 등 사회에 활발하게 진출할 수 있는 기회를 제공하여 가정 내에서 홀로 지내거나 무력하게 지낼 경우 생길 수 있는 부정적인 결과를 일정부분 완화할 수 있다는 의견일 것이다. 이 의견처럼 적극적이고 넓은 범위의 교육이 진행될 경우, 이주여성의 개인적인 성취감 향상이 일어날 것이고, 이 향상이 가정전반과 특히 아이들에게 영향을 미칠 수 있을 것이다. 모든 가정에 해당되는 일이 아닐 것이고, 일견 다문화가정 청소년들의 미디어중독 현상과 동떨어져 보일 수 있으나 가장 근본적이면서도 이 문제에 직·간접적으로 많은 영향을 미칠 수 있다는 점에서 중요할 것이다.

이러한 부모의 영향이 중요한 것은 아래 〈A-2〉언급에서도 드러나는데, 자신이 중국인임을 당당하게 밝히고 이에 대해 아이들이 학교에서나 사회에서 거부감을 겪지 않도록 배려하는 모습을 보여주었다.

> 우리 애가 지금, 엄마가 중국 사람인 거 중학교부터는 신경 안쓰고 중국 사람인 거 신경 안 쓰고 있어요. 학교 들어가도, 영재반이라 학부모 모임을 자주하는데, 제가 말투가 좀 이상하니까 먼저 중국사람이라고 이야기해요. 어떤 엄마는 숨기기도 하고, 그런 거있어요. 엄마가 당당하니까 아이들도 엄마가 어디에 참여하거나 이런 거 부담감 없어 해요. 〈A-2〉

진정한 다문화사회는 다양한 구성원들이 그들의 정체성을 하나의 차이로 인정할 때 이루질 수 있을 것이다. 그런 면에서 이 경우는 차이를 드러내되 차별받지 않는 경우를 보여준다. 이는 미디어중독과의 연관성 속에서, 다문화가정 청소년들이 자신의 모습을 당당하게 드러낼 수 있는 가능성을 넓혀주는 것이고, 이것이 미디어중독의 원인을 제거하는 직·간접적인 역할을 할 수 있을 것이다. 하지만 많은 경우에서 이러한 모습을 찾아보기는 힘들다는 점은 부모의 역량을 향상시켜 주는 것이 필요한 과정이라는 점으로 이해될 수 있다.

3. 다문화 청소년 직접 교육의 필요성

지금까지는 다문화가정 청소년의 미디어중독을 예방하거나 완화하기 위한 부모의 역할, 혹은 부모의 차원에서 해결될 수 있는 방안을 확인해 보았다. 그렇다면 미디어중독의 실질적인 대상인 다문화가정 청소년에게는 어떠한 방안이 필요할까?

아이들 스스로 차단할 수 있는 게 좋을 것 같아요. 자동으로 꺼지고 못 보게 하고 이런 거 결국에는 아이들이 다 풀 수 있어요. 그냥 아이들이 스스로 하면 안 되는구나 생각하면 제일 좋아요. 〈A-7〉

먼저 〈A-7〉은 미디어교육을 통해 아이들 스스로 통제할 수 있는 역량을 키워줘야 함을 주장했다. 이는 미디어교육의 한 측면인 능동적 이용 차원으로 볼 수 있다. 아이들 스스로 자신의 행동에 대해 자각하고, 자신의 상황에 맞추어 스스로의 이용시간이나 습관을 조절하는 것이다. 나아가 미디어를 올바르게 이용하기 위해, 미디어를 더 잘 이해할 수 있는 미디어교육이 필요하다는 의견도 제시되었다. 이는 미디어교육의 차원 중 '능동적 이해'를 의미한다고 볼 수 있다.

> 블로그에서 음악정리, 찾기. 인터넷에서 다른 친구들을 만나고 그래요. 펜팔 사이트에서 가입해서, 다른 사람들과 만날 수 있기도 하구요. 애들은 여기 있기 때문에, 너무 작은 곳에 있어서, 인터넷을 통해서 외부사람들의 생각을 볼 수 있게 되어 좋은 것 같아요. 이벤트도 많아요. 영어도, 중국어도 배우고, 친구사귀는 것도 배워요. 나는 가만히 있어도, 교류되고, 사람을 만나게 되는 거죠. 그런데 항상 신경 쓰고, 과도하게 노력이 들어가면 좀 부정적이에요. 〈A-2〉

위의 사례와 경험은 미디어를 부정적인 것으로 인식하고 비판적으로 바라보는 것뿐만 아니라, 미디어의 긍정적인 측면을 적극적으로 활용하면서도 미디어의 속성을 인식하는 것이 중요하다고 본 것이다. 〈A-2〉가 예로 들고 있는 것처럼, 인터넷이라는 기술은 다양한 가능성을 제시해 준다. 인터넷을 통해 비교적 고립되어 있는 한국사회에서 경험할 수 없는 것들을 체험할 수 있는 것이다. 다문화가정 청소년들 중에서 원래 자신의 나라에서 살다가 들어온 '중도입국자'도 다수 존재하고, 부모의 고향에 대해 의문을 품은 아이들도 존재한다. 만약 이들이 인터넷의 정보나, 연결성을 적절하게 사용한다면 원래 나라에 있었던 인간관계를 적절하게 다시 사용할 수 있을 뿐만 아니라, 인터넷을 통해 매개된 콘텐츠(부모가 태어난 나라의 드라마나 뉴스 등)를 통해 자신의 정체성에 대해 확인하고 이해할 수 있는 계기가 될 것이다. 이는 궁극적으로 이들의 정체성을 한국의 문화 속에 녹여내어 동화주의로 이끌어가는 것을 방지하고, 자신의 차이를 드러내면서도 억눌리지 않는 차이 그 자체로의 다문화주의를 이끌어가는 동력이 될 수 있을 것이다. 물론 과다한 이용은 상식적인 선에서 제한되어야 할 것이다.

인터넷 사용이든, 게임사용이든 미디어중독에 대한 홍보도 필요하고 미디어에 대한 이해 교육도 필요해요. 그리고 아이들이 중독으로 인한 사례들을 알려줌으로써 스스로 적절하게 어떻게 해야 되는지 알 수 있는 교육도 필요해요. 인터넷은 어떻게 사용하느냐에 따라 다르다고 생각해요. 이용을 잘하는 사람에게는 인터넷이 선생님이라고 생각할 수 있어요. 어떻게 효율적으로 사용하는지에 대해서도. 긍정적으로 이용하도록 지도가 필요하다고 생각해요. 그리고 미디어에 대해 범위가 너무 크다보니까, 가정 중에서 미디어라고 말하는 아이들 인식에서는 미디어가 무엇인지 어느 정도 알고 있는지 파악하고 교육할 필요가 있어요. 〈C-2〉

유사한 맥락에서 〈C-2〉는 미디어 자체를 긍정적으로 활용할 수 있는 방안을 마련함과 동시에, 미디어중독의 개념 자체에 대해서도 교육할 필요가 있다고 제안한다. 단지 미디어를 비판적으로 이해하고, 능동적으로 이용하고, 창의적으로 제작하는 능력을 교육하기 이전에, 다문화가정 청소년들이 미디어중독의 개념에 대해 인지하고 있어야 한다는 것이다. 그 후에 적절한 미디어 이용에 대해 교육하면 스스로에게 부정적인 미디어 이용이 어떤 것이며 어떻게 이용해야 긍정적인지를 스스로 알 수 있을 것이다. 하지만 지적하고 있는 것처럼 미디어중독의 정확한 기준을 설명하는 것은 쉽지 않다. 이를 위한 구체적인 임상척도도 없을뿐더러 미디어중독의 개념이 아직까지는 모호하기 때문이다.

따라서 미디어중독에 대한 연구가 지속으로 진행되어야 할 뿐만 아니라, 상황적·맥락적 상황에 맞추어 진행되는 교육이 필수적일 것이며, 이는 앞서 제시되었던 다문화가정의 특성에 맞추어 진행되어야 할 것이다. 다시 말해, 다문화가정 청소년들을 대상으로 하는 미디어중독관련 연구의 경우 미디어/콘텐츠 등 중독 유형에 대한 더욱 세세한 조사가 이루어져야 한다는 것이다. 여기서 중요한 것은 다문화가정에서 나타날 수 있는 특수한 맥락을 고려하는 것이 될 것이다.

4. 정책개선과 지속적 노력의 필요성

다문화가정 청소년의 미디어중독 문제는 다문화 개념, 다문화가정 부모와 가족, 다문화가정 청소년의 문제를 고려하는 것으로 해결될 문제는 아닐 것이다. 이러한 노력은 학계 및 지원 단체와 더불어 더욱 거시적인 차원의 정책적 지원이 뒷받침 되어야 하는 문제이다. 이를 위해 각 지역에 '다문화 지원 센터'가 설립되어 많은 교육을 진행하고 있지만 다수의 연구 참여자들은 정책적 지원의 미흡함과 그에 대한 의견을 제시하였다.

먼저 〈C-1〉는 교육이 진행되는 공간자체의 부족과 교육이 이루어지는 센터의 시스템에 대해 언급했다.

> 지역아동센터는 너무 좁고 아이들도 너무 많아요. 아이가 너무 시끄러워서 가고 싶어 하지 않아서 보내지 않고 있어요. 대신에 미술학원이나 다른 학원에 보내고 있어요. 학교에서는 늘 푸름 교실이 4시까지 해요. 그런데 거기 들어가려면 조건이 있어요. 비다문화가정이 마지막이고, 그 위에 다문화가정 있어요. 조건 까다로워서 못 들어가요. 학교에서 도서교실 같은 다른 프로그램도 있긴 한데 보통 4시면 끝나요. 더 오래하는 교실들도 있긴 하지만 다 들어갈 수 없어요. 조건에 따라서 달라요. 다자녀 아니면 다문화가정도 소득에 따라서 들어갈 수 있는 (자격이) 달라요. 저희 집은 안돼요. 아동센터는 다문화가정이면 들어갈 수 있어요. 그런데 그것도 조건이 있어요. 〈C-1〉

다문화가정의 청소년들이 머물면서 체계적으로 교육받을 수 있는 곳이 아이들의 숫자에 비해 부족하다는 점을 보여준다. 또한 언급한 것처럼 들어갈 수 있는 조건에 제한이 있어 불필요한 차별현상을 만들어낼 수 있고, 다문화가정 아이들과 비다문화가정 아이들이 함께 어울릴 수 있는 기회를 제한할 수 있다. 다시 논의 하겠지만, 이러한 지원 시설이 중요한 이유는 각 다문화가정을 방문하는 방문 지도사들의 숫자와 기간이 제한적이어서 집합적인 교육을 진행해야 하기 때문이다. 즉, 개별 방문을 통해 교육을 진행하는 것에는 한계가 있기 때문에 각 지역의 다문화지원센터, 각종 기관을 통해 미디어교육이 이루어질 수밖에 없는데, 이러한 시설에 들어갈 수 있는 인원이나 자격이 제한된다는 것, 혹은 부모들이 환경의 열악함을 이유로 아이들을 보내지 않았을 때 미디어교육 자체가 이루어질 가능성이 제한되는 것이다. 따라서 공간의 확보나 인력의 확보를 진행함과 동시에 제도상의 개선을 모색해야 한다. 물론 단기적으로 해결될 사안은 아니겠으나, 다문화가정이 점점 늘어가고 이들 가정의 청소년들이 지속해서 성장하고 늘어갈 것이라는 점에서 장기적인 안목을 가지고 접근해야 할 것이다.

유사한 맥락에서 정책적 지원의 일시성과 유행성을 우려하는 의견도 확인되었다(C-1).

지금 학교에서도 (다문화)교육하지만 그런 교육이 더 필요해요. 아직 우리 같은 교사들 많이 부족해요. (정부에서) 지원은 받는데 작년보다 많이 줄었어요. '급식 때문에 줄였어요.' '뭐뭐 때문에 줄였어요.'라고 하면서 다문화 교육 지원을 줄여요. 실제로 이 사회에서 다문화교육은 요즘 다문화니까 하면서 유행같이 하는데, 어려우면 다 줄여요. 정부가 다문화가정을 배려해서가 아니라 유행적인 측면에서 지원하는 것이 더 강해요. 다문화가정을 배려해서가 아니라 자신들의 정책을 위해서 하고 있어요. 정부에서 경제가 어렵거나 자금이 부족하면 이쪽부터 줄이고, 지

속성과 성의가 없어요. 〈C-1〉

정책적 지원이 장기적이고 지속적인 차원에서 체계적으로 이루어지는 것이 아니라 마치 유행처럼 다문화 정책과 지원이 이루어진다는 것이다. 물론 다문화지원법이 제정된 이후 많은 변화가 이루어진 것이 사실이지만 이러한 법 제정도 꾸준한 지원과 관심이 필요한 것이 사실이다. 다문화지원센터 등을 통해 앞서 제시한 많은 교육들이 진행되고 있지만, 일선 현장에서 직접적으로 부딪히는 전문가들의 의견은 부정적인 것이다.

물론 다문화가정 지원법과 같은 법제도의 제정과 이에 따라 지원되는 다문화지원센터의 역할을 무조건적으로 비판할 수는 없을 것이다. 하지만 교육이라는 것이 단발성으로 끝나서는 그 효과를 거두기 힘들 것이다. 특히 미디어교육의 경우 중독 예방차원의 교육과 비판적 이해 교육, 능동적 이해 교육, 창의적 제작 교육 등이 함께 이루어져야 그 의미가 있다. 이 모든 것이 꾸준히 이루어져야만 미디어중독 현상을 효과적으로 예방하거나 완화시킬 수 있는 것이다. 하지만 이러한 교육들이 뚜렷한 프로그램 없이 단발성으로 진행될 경우, 교육이 아닌 단순 '체험' 행사로 끝날 수 있다는 점에 주의해야 한다. 또한, 유사한 프로그램이 장기적으로 진행되지 못할 경우 경험의 축적과 더 효과적인 프로그램 개발과 같은 교육과정 개선이 힘들다는 점 또한 유념해야 할 것이다. 아직까지는 다문화지원센터 등을 통해 다문화가정 청소년에 대한 미디어교육이 본격적으로 이루어지는 것은 아니나, 향후 프로그램에 추가될 경우 이 점을 고려해야 할 것이다.

위와 같은 정책적 지원의 제한성은 방문교육과 집합교육 모두에서 문제점을 드러냈다. 먼저 〈B-2〉는 다문화가정에 대한 방문지도를 진행하면서 느꼈던 아쉬움을 제시했다.

> 나중에는 같이 교육을 하다보니까 아이가 조금 (미디어에 대한) 절제가 생기더라고요. 선생님하고 이거 다하면 친구하고 나가서 놀면 되. 이런 식으로 했죠. 사실 이런 경우는 정말 안타까웠죠. 부모교육은 5개월이거든요. 이런 아이의 경우 장기간의 지속적인 교육이 필요한데, 정부에서 지원하는 것은 5개월이니까 한 가정에만 혜택을 줄 수 없으니까요. 그 아이 같은 경우에는 (미디어에) 많이 노출이 돼 있었죠. 엄마에게 아이와 규칙을 정해서 절제를 교육하도록 했어요. 아이하고도 규칙을 정해서 얼마만큼 시간동안 하고 (컴퓨터를) 끄고 나올 것 인지. 시계 바늘이 얼마만큼 되면 나올것인지. 시간이 지나니까 이 아이가 시계바늘을 보고 나오더라고요. 사실 그런 교육이 필요한데 교육이 5개월 중단이 돼서 아직도 아이에게는 지금도 신경이 많이 쓰여요. 〈B-2〉

> 센터에서는 프로그램이 있어도 너무 잠깐잠깐 진행돼요. 갈 필요도 없고, 프로그램도 계속 있는 것이 아니니까 의미가 없어요. 하려면 오랜 기간 하든지, 차라리 취미를 만들어 주는 것이 좋을 것 같아요. 〈A-2〉

부모교육이라는 제목을 달고 있지만, 사실상 부모와 아이들을 함께 마주하고 있는 다문화가정 방문 지도사들이 5개월이라는 기간 동안 경험한 과정에 대해 언급한 것이다. 이 참여자는 지속적인 노력으로 다문화가정의 아이가 스스로의 미디어 이용습관을 변화시키는 초기단계에 성공하였으나, 정책상 지속적인 지도가 이루어질 수 없었음을 언급했다. 비다문화가정에 비해 외부와의 접촉과 올바른 이용습관 지도를 기대할 수 없는 경우가 많은 방문대상 가정의 경우 미디어중독 상태에 있는 아이들을 교육할 수 있는 이는 다문화가정 방문 지도사들이 유일하다고 할 것이다. 이러한 상황에서 한 가정에 대한 지속적인 방문이 이루어질 수 있도록 필요한 지원이 뒷받침 되어야 할 것이다. 혹은, 앞서 언급되었듯이 지도과정 프로그램에 미디어교육과정을 포함시키고 지도사들의 자격과정이나 연수과정에 관련 교육을 추가하는 것도, 제한된 시간 동안에만 방문지도가 이루어져야 할 경우 효과적인 성과를 거두는 한 방법이 될 것이다.

또한 위의 〈A-2〉는 집합교육의 측면에서 단발적인 프로그램이 진행되고 있다는 점을 들어, 아이들을 교육에 참여시킬 필요성을 느끼지 않고 있었다. 여기에서도 단발적 프로그램의 문제점을 지적하고 있는데, 프로그램의 연속성 결여가 단순히 프로그램의 존재나 질적인 차원의 평가에서 머무는 것이 아니라, 프로그램 자체의 참여여부 문제로까지 나아간다는 점에서 주목할 만하다. 이런 상황이 지속될 경우 양질의 프로그램을 갖추고 장기적인 교육을 진행한다고 해도 실질적인 교육 참여자를 모으기 어려울 수도 있다는 점에서 주의해야 한다.

연구 참여자들은 미디어중독을 예방하기 위해 직접적인 노력과 간접적인 노력이 함께 필요하다는 점 또한 제시하였다(C-1, 2).

학교에서는 가정통신문으로 인터넷 중독 예방 교육지침 내려와요. 우리 아이도 학교에서 받아왔어요. 어떤 프로그램을 다운받아서 차단해야 하는지, 어떻게 사용해야 하는지 따라서 하고, 싸인 받아오라고 해요. 학교에서는 이 정도 하는 것 같아요. 〈C-1〉

인터넷 중독에 대한 교육이든, 미디어이해 교육이든 아이들에게 직접적으로 다가가는 교육이 필요하지 않을까. 아이들의 눈높이에 맞춘 교육이 필요해요. 〈C-2〉

미디어중독 관련 프로그램 설치를 안내하는 통신문의 발송은 이러한 프로그램의 존재자체와 사용법을 설명하고 설치를 권장한다는 점에서 간접적이지만 효과적인 방법이 될 수 있다. 하지만 미디어중독의 주체가 다문화가정 청소년들이라는 점을 고려해 보았을 때, 이들을 직접적이고 장기적으로 교육하는 방안이 필요하다는 점 또한 언급한 것이다. 특히 〈C-2〉의 의견은 발달과정에 있는 청소년들을 대상으로 한다는 점에서 이들의 눈높이에 맞춘 교육과정, 즉 각 연령별 특성을 고려한 미디어교육이 진행되어야 함을 강조하는 것으로 분석된다. 이는 각 발달단계에 적합한 수준별 미디어교육을 진행할 수 있을 뿐만 아니라, 성장의 초기단계부터 긍정적인 미디어 이용습관을 길러줄 수 있다는 점에서 중요할 것으로 판단된다.

제 6 장

결 론

　이 책은 다문화가정 청소년들의 미디어중독 현상이 어떻게 나타나고 있으며 그 원인은 무엇이고 해결을 위해 어떠한 방안이 제시되어야 하는가를 확인하고자 했다. 하지만 이러한 접근은 한국의 다문화 환경에 대한 이해를 바탕으로 이루어져야만 했다. 한국사회 스스로가 '다문화' 사회라는 것을 인정하고 있지만, 초기 이민자들이 대부분 저개발 국가의 이주여성이나 이주노동자라는 사실은 비교적 특이한 사항이다. 또한, 뿌리 깊은 단일민족주의가 있는 한국사회에서 이주민들, 특히 저개발국가로부터 이주해온 이들은 사회의 구성원이 아니라 이방인으로 취급될 수 있고 곳곳에서 그러한 문제점이 나타나고 있는 것이 사실이다. 이러한 실정은 바로 다문화가정 청소년들에게 영향을 미치게 되는데, 학교생활이나 가정생활에 있어 비교적 열악한 환경에 처하게 되는 것이다. 따라서 앞서 살펴본 여러 조사들처럼 이들이 미디어중독에 빠져들 잠재적인 위험으로 작용하게 되는 것이다.

　이러한 문제의식을 바탕으로 한 본 연구는 우선 다문화주의가 일방적인 동화교육이 아니라, 그들의 정체성을 드러내면서 각자의 차이가 인정되는 다문화주의의 필요성을 제시했다. 이는 다문화가정을 대상으로 한 시혜적이고 동정적인 지원과 시선이 아니라, 이들을 한국사회의 다양성을 이루는 하나의 구성원으로 받아들여 가는 과정이 된다. 미디어교육 또한 이러한 관점에서 이들의 정체성을 표현할 수 있는 행위기반의 차원을 포함하게 되었다. 미디어교육을 단지 미디어를 활용한 다문화교육이나, 미디어를 제대로 이해하고 이용하는 능력뿐 아니라 창의적으로 제작해내어 자신의 목소리를 표출해내는 개념으로 바라본 것이다. 따라서 다문화가정의 청소년들이 미디어교육을 통해 미디어를 긍정적으로 이해/이용하고 자신의 목소리를 낼 수 있는 능력이 배양된다면 이 책에서 주장하는 차이를 위한 다문화주의에 더 가까워질 수 있을 것이다.

하지만 미디어중독의 차원에서 접근한 본 연구는 연구 참여자들의 인터뷰를 통해 행위능력을 전제로 한 미디어교육에 앞서 미디어중독을 해결하고 완화하는 것이 우선적인 과제라는 점을 다시 한 번 확인하고, 무엇보다 다문화가정 청소년을 대상으로 하는 미디어교육 프로그램이나 개념이 모호한 상태라는 점을 확인할 수 있었다. 먼저 전자의 경우 2010년 한국정보화진흥원의 조사결과처럼 다문화가정 청소년의 37.6%가 인터넷중독이라는 점을 감안했을 때, 행위차원의 교육으로 나아가기 전에 미디어중독 문제를 먼저 해결해야 한다는 것을 알 수 있다. 하지만 이러한 조사는 국내 다문화가정의 질적 맥락을 파악하고 있지 못하기 때문에, 심도 있는 질적 연구가 필요하게 된다. 후자의 경우 다문화가정 청소년들이 참여주체가 되는 미디어교육의 개념은 무엇인가라는 고민을 가능하게 한다(강진숙, 2009; 박혜미, 2008). 하지만 이 책에서는 미디어중독에 초점을 맞추고 이러한 미디어교육이 체계적으로 진행되어야 할 때 고려되고 포함되어야 할 사항에 대해 탐색하였다. 국내의 다문화주의가 동화주의나 시혜적인 시선에서 벗어나야 하고, 행위기반 미디어교육을 통해 다문화가족 구성원들의 정체성을 적극적으로 표현하는 것이 차이를 인정하고 배려하는 진정한 다문화주의를 가능케 한다는 점은 동의하는 점이며 이미 논의하였다. 이 책에서는 그 이전 단계로, 다문화가정 맥락에서 특수하게 나타나는 미디어중독이라는 문제점을 해결하는 것이 차후 이 책에서 제안하는 미디어교육이 이루어질 수 있는 초석으로 보는 것이 합당하다.

제1절 다문화가정 청소년의 미디어중독 현상

이 책에서는 다문화가정 청소년들의 미디어중독 현상, 미디어중독 현상의 원인, 그리고 이에 대비할 수 있는 방안을 제안하기 위해 다문화가정의 부모와 다문화관련 전문가를 대상으로 질적 심층인터뷰를 진행하였다. 이를 통해 연구 참여자들의 다양한 의견을 대상으로 분석을 실시하였다.

먼저 연구문제 1을 통해 다문화가정 청소년들의 미디어중독 현상은 어떻게 나타나고 있는지 확인할 수 있었는데, 이들의 미디어중독은 다양한 형태로 나타나고 있었다. 미디어 자체의 속성과 미디어를 통해 매개되는 여러 종류의 콘텐츠, 그리고 비교적 최근에 확산되고 있는 스마트폰 같은 뉴미디어를 통한 미디어중독 현상이 확인되는 것이다. 하지만 주로 TV와 인터넷에 중독되는 현상이 나타났다. TV를 통해서는 연예/오락 프로그램, 애니메이션, 인터넷을 통해서는 게임/채팅을 과도하게 이용하고 있었다. 이러한 경향은 TV/인터넷 같은 미디어를 스스로 절제하는 능력도 중요하지만, 콘텐츠에 집중했을 때는 이 콘텐츠를 비판적으로 수용하는 능력도 중요하다는 점을 말해준다.

또한 아직까지 다문화가정 청소년의 연령층이 높지 않다는 점을 볼 때, 적절한 지도가 이루어지지 않을 경우 잠재적인 중독위험이 높아질 것이라는 점, 그리고 미디어를 이용하는 과정에서 청소년들 특유의 또래집단 문화가 나타나고 있다는 점을 확인할 수 있었다. 특히 다문화가정 청소년들의 경우 자신들의 외모나 가정환경 때문에 적극적인 학교생활에서 후퇴하는 경향을 보이기도 하고, 따돌림 같은 문제를 겪기도 하는데 또래집단에 어울리거나 학교생활 부적응에 대한 스트레스를 완화하기 위해 미디어를 더욱 많이 접할 수 있다는 점이 고려되어야 할 것이다. 게임의 경우도 유사한 맥락에서 살펴볼 수 있다. 최근의 게임은 주로 익명의 타인과 함께 하는 게임이 대부분이기 때문에, 오프라인 상에서의 관계를 온라인상에서 복구하고자 하는 노력이 과도한 사용으로 이어져 미디어중독, 게임중독에 빠질 수 있는 것이다.

스마트폰과 같은 뉴미디어의 등장도 새로운 미디어중독에 영향을 미치는 요소가 될 수 있었다. 스마트폰은 어떠한 미디어보다 개인화되었고, 카카오톡 같은 채팅, 게임 등 다양한 어플리케이션을 통해 기존의 휴대폰보다 더 적극적으로 소통할 수 있다는 장점을 가진다. 비교적 비싼 비용을 지불해야 하기 때문에 TV나 인터넷 만큼의 문제를 나타내지는 않았지만, 더욱 더 낮은 연령층으로 퍼져나가고 있다는 점, 스마트폰의 이용조차 또래집단의 한 문화가 될 수 있다는 점에서 미디어중독의 원인을 파악할 때 함께 고려되어야 한다. 새로운 미디어

의 등장이 새로운 형태의 중독을 만들어 낼 수 있다는 점을 인
식해야 하는 것이다. 하지만 TV나 인터넷의 과다이용, 그리고
스마트폰이라는 새로운 기기의 등장은 다문화가정 청소년들에
게만 해당되는 문제가 아니다. 따라서 연구문제 2를 통해 다문
화가정 청소년의 미디어중독 원인에 대해 확인해보았다. 이는
다문화가정이라는 비교적 특수한 맥락에서 나타나는 미디어중
독 현상을 심층적으로 파악하기 위함이다.

제2절 다문화가정 청소년의 미디어중독 원인

연구문제 2를 통해 다문화가정 청소년들의 미디어중독 현상은 가정적인 환경 등 이들이 속한 환경에서 많은 영향을 받고 있음을 알 수 있었다. 여기서 환경은 주로 다문화가정의 구성원을 의미하게 된다. 다문화가정의 주요 구성원인 어머니가 낯선 한국에 부적응하는 경우가 생기는데, 이것이 아이들에게 영향을 미치게 되는 것이다. 이는 다문화가정의 구성원이자 청소년들에게 가장 많은 영향을 미칠 수 있는 어머니들이 먼저 미디어에 중독되어 아이들에게 그대로 전해질 수 있다는 점에서 중요한 의미를 지닌다. 또한, 다문화가정 어머니들의 부적응으로 인해 아이들을 지도하려는 의지가 상실되거나 의지를 보이지 않는 것도 미디어중독을 예방하지 못하는 직접적인 원인이 된다. 때문에 다문화지원센터의 지도 방문사들이 방문교육을 실시하게 되나, 무력감이나 부적응으로 인해 이마저 원활하게 이루어지지 않는 경우도 발생하게 된다. 따라서 어머니들의 태도가 다문화가정 청소년들의 미디어중독에 직·간접적인 영향을 미친다고 볼 수 있게 된다.

가정적인 환경에서 주목해야 할 또 하나는 가족구성원들의 문제였다. 여기서는 다문화가정 어머니들이 아이들의 미디어 이용습관의 문제점에 대해 인지하고 개선하려는 노력을 보이지만, 가족구성원들의 협조가 이루어지지 않는 상황을 확인할 수 있다. 특히 어머니들보다 어른인 시부모의 과도한 TV시청으로 인해 아이들이 영향을 받지 않을까 고민하는 모습을 볼 수 있었고, 이는 단순히 미디어중독의 문제가 아니라 미디어가 생산하는 부정적인 모습을 모방학습 할 수 있다는 점에서 이차적인 문제를 발생시킬 것이다.

미디어중독을 일으키는 또 다른 원인으로는 가족구성원보다 더 사회적인 차원에서 외부활동의 부족과 게임의 특성, 그리고 전반적인 사회분위기가 지적되었다. 외부활동 부족의 경우 다문화가정 청소년들이 집 밖으로 나가 활동할 기회가 적다는 것을 의미하게 되는데, 자연스럽게 집 안에만 있는 시간이 많아지게 됨에 따라 집 안에서 가장 쉽게 이용할 수 있는 미디어에 중독되게 되는 것이다. 게임의 특성의 경우 현실세계와는 다른 경험을 할 수 있고 자신을 드러내지 않은 상태에서 타인들과 교류할 수 있다는 점에서 중독을 일으킬 수 있다. 이는 비다문화가정의 청소년들에 대해서도 마찬가지로 나타날 수 있으나 외모나 환경 때문에 어려움을 겪는 다문화가정 청소년들에게 잠재적인 위험이 될 것이다. 또한 게임의 폭력성으로 인해 폭력적 성향이나 절제심 부족 등 2차적인 부정적 효과를 낳을 수도 있다. 사회적 분위기란 자극적인 흥미위주의 콘텐츠를 생산해내는 사회시스템의 문제를 의미하게 되는

데, 미디어 기기 자체 보다 미디어의 콘텐츠에 중독되는 경우가 많다는 점에서, 추상적이고 간접적이지만 막대한 영향을 끼치게 된다.

　다문화가정 청소년의 미디어중독에 영향을 미치는 원인 중 세 번째는 청소년들 스스로가 겪거나 가지고 있는 개인적 요소이다. 이는 가족배경, 중도입국 및 출국, 개인적 기질이라는 측면에서 나타나게 된다. 가족배경의 경우 피부색이나 언어, 인종 등 다문화가족이라는 배경자체가 이들의 활발한 사회생활이나 학교생활을 저해하게 됨을 의미한다. 따라서 사회적 맥락에서 도피하여 미디어에 빠져드는 현상을 보이는 것이다. 중도입국 및 출국의 경우에도, 교육적 철학과 분위기가 전혀 다른 나라를 오가며 학교생활을 하는 아이들이 학업적인 면이나 교우관계의 측면에서 부적응하게 되어 미디어로 도피하게 된다. 마지막 개인적 기질은 기본적으로 내성적이고 소극적인 성격이 있을 수 있으나, 가족배경이나 중도입국 및 출국 같은 다문화가정의 특수한 맥락과 만나 악순환을 거듭하게 되는 계기로 작용할 수 있다. 이에 따라 다문화가정 청소년들이 미디어중독에 빠지게 될 위험이 증가하는 것이다. 이상의 미디어중독 원인들은 지속적으로 언급하듯이 다문화가정 청소년들의 개인적·환경적 맥락을 두루 고려하였을 때 더 명확하게 나타나게 됨을 알 수 있다. 이는 다문화가정 청소년들의 미디어중독을 위한 미디어교육 방안에 대해 탐색한 연구문제 3에서 보다 명확하게 드러났다.

　연구문제 3에서는 다문화가정 청소년들의 미디어중독 예방 교육 방안에 대해 살펴보았다. 우선, 다문화가정 청소년의 미디어중독 예방을 위해서는 크게 다문화인식 개선, 가족구성원 교육, 청소년 직접 교육, 지도 방문사 제도 활용, 정책적 개선이 포함되어 있었다. 첫 번째로 다문화인식 개선의 경우 다문화 개념에 대한 부정적인 시각으로 인해 다문화라는 용어가 붙은 프로그램에 반감을 갖게 되는 것을 완화해야 한다는 의미이다. 이것이 문제가 되는 이유는, 이러한 인식이 확산되어 있을 경우 다문화가정 청소년들을 참여주체로 하는 미디어교육이 자칫 동정적인 시선 아래서 실시될 수 있기 때문이다. 궁극적으로 이들의 차이를 인정하고 표현하기 위한 창의적 제작측면의 미디어교육이 실시되어야 한다고 볼 때, 이러한 시각은 이들의 자신감을 저하시키고 미디어로 도피하게 한다. 교육자와 피교육자 모두에게 부정적인 영향을 미치는 것이다. 또한, 현실적인 이유로는 다문화에 대한 반감으로 인해 '다문화'라는 제목이 붙은 교육에 참여하지 않는다는 점을 들 수 있다. 이는 다문화청소년을 참여주체로 한 미디어교육 자체를 무산시킬 수 있는 요소이다. 연구 참여자들은 이에 대한 해결방안으로 다문화 용어에 대한 부정적 인식, 그리고 유사한 맥락에서 다문화구성원들은 못사는 국가에서 왔다는 편견적 인식을 개선해야 한다고 보았다. 이를 통해 다문화가정 청소년과 비다문화가정 청소년의 이분법적 인식을 개선하고 이들이 서로 어울리며 도움이 되는 관계로 발전해야 함을 제안했다.

조금 더 거시적인 맥락에서 이들을 향한 미디어의 시선을 개선하고, 정확한 조사결과를 통해 부정적인 인식이 확산될 가능성을 막아야 한다고 언급했다. 궁극적으로 이러한 해결책은 다문화 미디어교육에 대한 부정적인 인식을 해소하여 향후 많은 청소년들이 교육에 참여할 가능성을 높여준다. 그리고 참여자들의 의견처럼 다문화가정과 비다문화가정 아이들이 함께 어울리며 교육받을 수 있는 가능성도 높아질 것이다. 이러한 의견들은 다문화가정 청소년의 미디어중독 문제가 현재 우리 사회가 가지고 있는 다문화에 대한 인식개선을 바탕으로 했을 때 해결될 가능성이 있다는 점에서 주목해야 한다.

두 번째 가족구성원 교육은 다문화가정의 청소년뿐만 아니라 이들의 가족구성원들 또한 교육의 대상에 포함되어야 한다는 의미이다. 가족구성원들의 영향을 많이 받는 청소년기에 올바른 이용습관은 매우 중요할 것이다. 여기서 주목해야 할 점은 가족구성원들의 교육방안 유형도 몇 가지 유형으로 나누어진다는 점이다. 먼저 다문화가정의 어머니들이나 시부모 등 가족 구성원 스스로가 자신의 미디어 이용습관이 아이들에게 어떤 영향을 미치는지 파악하지 못하는 경우가 있다. 이 경우에는 가족의 잘못된 미디어이용 습관이 왜 아이들의 미디어중독을 일으킬 수 있는지에 대한 인식 교육이 선행되어야 할 것이다. 다음으로는 어머니들이 아이들의 이용습관을 지도하고 싶어도 그 방법을 모르는 경우가 있었다. 예를 들어, 인터넷 게임 차단을 위한 프로그램 설치나, 올바른 프로그램을 탐색하여 비판적으로 시청하는 방법, 능동적으로 미디어를 이용하여 올바른 시청습관을 갖게 하는 점 등이다. 이러한 능력들은 아이들의 미디어중독 예방과 완화에 결정적인 역할을 한다는 점에서 중요하다. 또한, 이러한 지도과정에서 언어능력의 부족함으로 인해 아이들이나, 가족구성원과의 대화가 원활하지 못할 수 있다는 점 또한 확인되었다. 따라서 언어능력을 발전시키고 미디어중독 예방을 위한 효과적인 대화법이나 대처법을 교육하는 것은 간접적이지만 결정적인 효과를 가져 올 수 있을 것이다.

세 번째 청소년 직접 교육의 경우 앞서 논의했던 간접적인 방법보다는 다문화가정 청소년들을 직접적인 참여주체로 본다는 점에서 차이가 있다. 여기에는 자신의 이용습관을 스스로 통제할 수 있는 능력과 미디어에 대한 비판적이고 능동적인 이용습관이 포함된다. 또한, 가정 밖에서 이루어지는 외부활동을 증진시켜 미디어로 도피하거나 회피하는 경향을 줄이는 것도 하나의 방법이 될 수 있다. 하지만 이러한 방안은 비다문화가정 청소년들의 교육방향과 다를 바 없어 보인다. 실제로 많은 참여자들은 이 점을 강조했는데, 이들의 특수한 맥락을 고려할 필요는 있지만 비다문화가정 청소년들과 별개의 존재로 보아서는 안 된다는 것이다. 따라서 이들이 처한 상황적 맥락을 고려하면서도 소외시키지 않는 미디어교육 방안이 필요하다.

네 번째 방안은 현재 설치되어 있는 다문화가족지원센터를 통해 실행되고 있는 다문화가정 방문지도 제도를 적극 이용하는 것이다. 이 제도를 통해 자격증을 소유한 다문화가정 방문지도사가 정해진 프로그램과 교재를 가지고 다문화가정을 직접 방문하여 교육을 실시하고 있다. 따라서 이들이 실시하고 있는 프로그램에 미디어중독 예방을 위한 프로그램을 신설하고 관련 교육을 실시하면 효과적인 방안이 될 수 있을 것이다. 기존에 출판되어 있는 교재들이 존재하기 때문에, 비교적 단시간 내에 실행될 수 있는 가능성이 있으며 연구 참여자들 또한 이러한 미디어교육의 필요성에 대해 동의하고, 자신들의 경험을 바탕으로 관련된 방안을 제시하였다. 지도사들을 대상으로 하는 미디어교육이 원활하게 이루어지고, 관련 교재의 보급이 이루어진다면 현재의 상황에서 가장 직접적이고 강력한 방안이 될 수 있을 것이다.

　다문화가정 청소년들을 참여주체로 하는 미디어교육의 마지막 방안은 미디어교육에 대한 정책적인 지원에 대한 것이다. 구체적으로는 미디어교육이 이루어지는 장소 및 관련 지원의 부족함과 지속적이고 체계적인 교육프로그램의 부재가 제시되었다. 이러한 문제는 프로그램 자체의 참여여부에 부정적인 영향을 미친다는 점에서 고려되어야 한다. 좋은 프로그램을 갖추었다고 해도 이러한 인식이 고정되어 버리면 참여자 부족으로 인해 미디어교육이 정상적으로 이루어질 수 없기 때문이다. 물론 단기적으로 해결될 방안은 아니지만 장기적인 관점에서 볼 때 무엇보다도 중요한 문제일 것이다. 앞서 제시했던 모든 방안들 모두 체계성과 지속성을 가져야만 하기 때문이다. 따라서 일관적이고 꾸준한 지원과 관련 자원 확보가 시급하다. 이는 다문화가정 청소년을 위한 미디어교육 프로그램 발전을 목표로 두어야 한다. 단기적으로는 현재 활용가능한 시설과 교재를 적극 활용하고 다문화 지도방문사 등을 재교육 시킬 수 있는 정책적 지원이 필요할 것이다. 장기적으로는 다양한 연구를 바탕으로 하는 교육프로그램이 요구된다. 결국 정책적 개선은 시설 확충이라는 하드웨어적인 측면과 교육프로그램 개발이라는 소프트웨어적인 측면이 균형 있게 개선되어야 하는 지점으로 볼 수 있다.

지금까지 살펴본 다문화가정 청소년의 미디어중독 현상과 원인, 해결방안은 개인적·환경적 요소를 고려함과 동시에, 국가 정책차원에서도 많은 지원이 필요한 과제이다. 하지만 이러한 지원과 고민들은 대한민국사회가 다문화가정 구성원들의 차이를 인정하는 진정한 다문화사회로 나아가기 위해, 이들의 미디어이용 습관을 개선하고 창의적 제작능력을 바탕으로 자신들의 정체성을 드러내기 위한 미디어교육을 위해, 무엇보다 미디어중독을 통한 내적·외적인 불편함을 해소하기 위해 장기적인 안목에서 진행되어야 할 것이다.

이상의 요약결과를 일련의 흐름으로 나타내면 아래 〈그림 1〉과 같다.

〈그림 1〉 다문화가정 청소년 미디어중독의 원인과 현상 및 대응방안

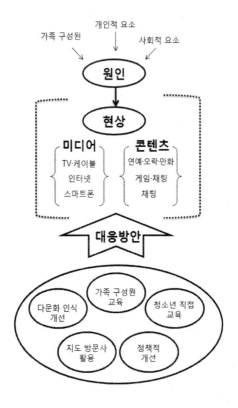

　　다문화가정 청소년의 미디어중독 원인은 크게 가족 구성원 및 개인적, 사회적 요소에 의해 나타나게 된다. 이로 인해 TV/케이블처럼 전통적인 콘텐츠인 연예/오락프로그램, 애니메이션에 중독되는 현상이 나타나게 된다. 더불어 다문화가정 청소년들의 연령층이 높아짐에 따라 인터넷을 통한 게임과 채팅이 하나의 중독현상으로 나타난다. 마지막으로 비교적 최근의 디

지털 기기인 스마트폰 또한 미디어중독의 한 현상으로 바라볼 수 있다. 아직 본격적인 논의가 이루어지고 있는 것은 아니지만, 이러한 새로운 미디어의 등장이 다문화가정 청소년의 미디어중독 현상과 가질 수 있는 관계에 대해 인식해야만 할 것이다.

구체적인 대응방안으로는 사회전반적인 다문화인식과 정책적 구조가 개선되어야 한다는 거시적 차원부터, 가족구성원과 청소년에 대한 직접교육이 함께 이루어져야 한다는 미시지적이고 복합적인 차원, 기존에 존재하는 지도 방문사를 활용해야 한다는 현실적 차원까지 다양한 제안들이 분석되었다. 이는 다문화가정 청소년들의 미디어중독 문제가 개인적인 수준뿐 아니라, 구조적이고 환경적인 측면을 복합적으로 고려해야 하는 사안임을 제시해 준다.

제3절 미디어교육의 의의

　미디어교육은 단지 미디어를 잘 다루는 숙련기술이나 미디어의 생산물을 비판적으로 이해하는 것만을 목적으로 하지 않는다. 미디어와 사회가 밀접한 연관을 맺고 있는 현대사회에서 미디어가 지니고 있는 힘을 인식하고 사회의 일원으로서 적극적인 참여와 행위를 도모하는 것이 미디어교육의 궁극적인 목표일 것이다. 부모의 본래 국적과는 관계없이 한국의 청소년인 '다문화' 가정 청소년들이 참여주체가 되는 미디어교육은 이러한 점에서 중요할 것이다. 차별이 아닌 차이를 위한 방안이 될 수 있기 때문이다.

　본 연구는 미디어의 적극적인 이용에 앞서 미디어의 부정적인 사용을 우선적으로 해결해야 한다는 문제의식을 바탕으로 다문화가정 청소년들의 미디어중독과 관련된 현상과 원인, 해결방안을 확인했다는 점에 의의가 있다. 다문화사회와 관련된 많은 논의들이 진행되고 있으나 청소년들을 참여주체로 하는 미디어교육의 방안은 아직 논의가 부족한 것이 사실이다. 아직까지 관련 개념들과 이론적 자원의 확보가 미흡하다는 점도 확인할 수 있다. 이러한 과정에서 본 연구는 미디어와 관련된 가장 현실적이고도 부정적인 측면인 미디어중독에 대해 심층적으로 살펴보았다. 비록 연구자의 처음 예상처럼 다문화가정 청소년들과 비다문화가정 청소년들에 대한 명확한 차이가 드러나지는 않았으나, 이들의 특수한 환경적 맥락을 고려하고 이와 관련된 다양한 요소들에 대해 의견을 수렴하여 그 의미를 파악하였다는 점은 향후 관련 연구에 대한 다양한 시각을 제공해 줄 것이다. 유사한 발달단계를 거치는 청소년기라는 점만 보았을 때는 그 차이가 보이지 않고, 다문화가정 내부라는 환경적 맥락을 고려했을 때 나타나는 특징적인 점을 확인한 것이다.

먼저 다문화가정 청소년들의 가정환경을 고려해야만 한다. 다문화가정 청소년들이 마주하고 있는 환경은 이주자들이 가지고 있는 구조적·경제적 문제, 가족 구성원들 간의 의사소통 문제와 밀접하게 연관되어 있다. 따라서 다문화가정 청소년들 뿐 만 아니라, 이들과 함께 가정을 이루고 있는 가족구성원 전반을 포함한 미디어교육이 실행되어야 한다. 청소년들의 일상이 가족이라는 환경에 강력한 영향을 받기 때문에, 가정교육적 요소는 가장 핵심적으로 다루어져야 한다고 판단된다. 따라서 다문화가정 청소년들이 처한 맥락을 이해하는 노력이 필요할 것이다.

두 번째로 학교교육의 차원이 고려되어야 한다는 점을 들수 있다. 청소년들이 가정 이외의 시간에 가장 많이 머물고 있는 곳이 학교장면이라는 점을 고려해야 하는 것이다. 여기에는 미디어를 올바르게 이용할 수 있는 직접적인 교육도 필요하지만, 다문화가정 청소년들이 미디어 이외의 활동에 집중할 수 있는 시간을 마련해주는 것도 중요하다는 것을 알 수 있다. 한마디로 학교에서도 다문화가정 청소년들에게 다양한 활동의 기회를 제공하고 이들의 특수한 환경적 맥락에 맞추어 적절한 지도가 진행되어야 한다는 것이다. 하지만 이러한 노력은 자칫 다문화가정 청소년들과 비다문화가정 청소년들을 구분하는 잣대가 될 수 있기 때문에 세심한 주의가 필요할 것으로 보인다. 학교교육이 고려해야 하는 두 번째 사안은 다문화가정 청소년들의 개인적 차원에 주의를 기울여야 한다는 점이다. 훈련된 전문가들이 다문화가정 청소년들에 대한 상담과 심리검사를 진행하여 미디어중독에 이를 수 있는 심리적요소를 미리 확인하고 그에 맞는 대안을 제시할 수 있어야 할 것이다.

세 번째로 지역사회 및 시민사회의 노력도 병행되어야 한다. 이는 다문화가정을 바라보는 사회의 시선을 개선하기 위한 노력이 될 것이다. 본 연구는 다문화가정 청소년들의 미디어중독은 이들을 바라보는 시선 등 다양한 외부적 맥락에 직·간접적으로 영향을 받는다는 것을 확인하였다. 따라서 다문화가정 청소년의 정체성에 대해 차별이나 호혜적인 시선이 아닌 하나의 차이로서의 공감대를 형성할 수 있는 계기를 마련해야 한다. 이를 통해 적극적인 외부활동을 펼치고 스스로에 대한 부정적인 인식을 갖지 않게 됨으로써 미디어를 과도하게 이용하는 현상을 예방할 수 있을 것이다. 이러한 노력은 다문화청소년들의 미디어중독이 보다 거시적인 차원에서도 고려되어야 함을 말해준다.

네 번째로 다문화가정 청소년의 미디어중독을 위한 정책적인 지원이 포함되어야 한다. 현재 여성가족부에서 지원하고 있는 다문화가정 지원 프로그램에는 한글교육, 적응교육 등 기초적인 수준에 머물러 있다. 일차적으로 이들의 한국생활을 안정적으로 유지시키는 것에 그 목적이 있는 것이다. 하지만 정책적 지원은 조금 더 폭넓은 차원에서 고려되어야 할 것이다. 즉, 다문화가정 청소년들의 미디어중독 현상처럼 세부적인 차원에 집중할 필요가 있는 것이다. 이는 이주민 여성에게 집중되어왔던 정책적·교육적 지원이 다문화가정 청소년에게로 이동되어야 함을 의미하며, 미디어의 올바른 사용법을 통해 미디어교육을 예방하는 교육적 지원이 포함되어야 한다. 또한 이주민 여성에 미디어교육이 확대되어야만 다문화가정 청소년들이 영향을 받을 수 있다는 점에서 이주민 여성과 다문화가정 청소년들의 교육이 함께 진행될 수 있는 방안이 마련되어야 할 것이다. 하지만 단발성 교육보다는 꾸준한 전문가 양성 지원책을 먼저 마련하여 장기적인 안목에서 진행할 필요가 있다. 이는 점차 증가하는 다문화가정 청소년들의 숫자에 대응할 필요가 있고, 현 시점에서 미디어교육에 대한 필요성과 교육의 신뢰성에 대해 다문화가정의 공감대를 확보하는 것이 필요하기 때문이다. 하지만 정책적 지원의 현재 상황을 고려해

보았을 때, 단기적으로는 이미 존재하는 다문화지원센터의 인적자원을 재교육하고 관련 교재를 보급하는 등 기존의 자원을 적극적으로 활용하려는 노력이 필요할 것으로 보인다.

미디어교육 방안과 지향점에 대한 연구는 이미 상당부분 축적되어 왔다. 앞서 논의했듯 다문화가정 청소년들이 처해있는 특수한 상황은 구조적인 개선이 우선시되어야 하는 것들이다. 따라서 다문화가정 청소년들만을 보았을 때 이미 확보되어 온 미디어교육 방안이 상당부분 적용될 수 있다. 여기에 이들이 처한 특수한 상황에 탄력적으로 대응하기 위한 방안들이 추가적으로 확보되어야 하는 것이다. 또한 장기적으로는 미디어중독이라는 부정적인 현상을 해소하기 위한 미디어교육뿐 아니라, 이들이 가진 정체성을 보존하고 유지시켜 일방적인 동화주의, 동정적 시선을 극복하고 자신의 목소리를 낼 수 있는 능력까지를 포함한 미디어교육이 필요할 것이다. 여기에는 미디어를 활용하여 사회에 적극적으로 참여하고 영상언어를 활용하여 자신의 의견을 내보일 수 있는 능력이 포함된다. 따라서 더 많은 교육과정과 실습 기자재가 요구되며, 다문화가정 청소년들이 한국 내에서 가지고 있는 위치, 미디어와 사회를 연관지어 이해할 수 있는 높은 수준의 교육과정이 필요할 것이다. 이는 장기적인 정책적 지원과 연구, 일선 현장에서의 노력이 필요한 부분이다. 따라서 현재 확보 가능한 자원을 재교육하여 미디어중독 예방을 위한 일차적인 미디어교육을 실시하되, 현장에서 수집되는 다양한 경험과 의견을 종합하여 정책적 개선을 모색하는 노력이 필요할 것이다. 학계에서도 다문화가정 청소년들을 위한 미디어교육 방안이 체계적으로 연구되어야 할 것이다. 본 연구는 이러한 노력이 요구되는 시점에서 다문화가정 청소년들의 미디어교육과 관련한 다양한 측면들을 확인하고, 이를 바탕으로 향후 한국사회에 필요한 내용을 제시하였다는 점에 의의가 있을 것이다.

제4절 맺음말

    비록 미디어중독에 초점을 맞추었지만 미디어교육의 개념과 방향이 다문화가정 청소년들에게 대입되었을 때 어떠한 점이 부족하고 어떠한 대안이 모색되어야 하는지 확인한 것 또한 본 연구의 의의가 될 것이다. 아직은 더욱 많은 논의와 이론적 자원이 필요한 것은 사실이나, 현장이나 가정에서 다문화가정과 이 가정의 청소년들을 직접대하고 있는 연구 참여자들의 경험이라는 점에서 의미가 있다.

    다문화가정 청소년들이 참여주체가 되는 미디어교육에 대한 개념이 미흡하고, 정기적으로 장기적인 안목에서 시행되는 미디어교육이 없는 상황에서 연구 참여자들의 폭이 제한되었다는 점은 한계점으로 남는다. 무엇보다 청소년들을 연구 참여자로 삼지 않았다는 것은 아쉬움으로 남아 있지만, 미디어중독이라는 다소 부정적인 현상에 대한 연구인만큼 이들에게 부정적인 영향을 주지 않을까 우려하였다. 연구자가 의도하지 않더라도, 미디어 이용에 대한 스스로의 행동에 대해 부정적인 시각을 갖게 될 수 있다는 점을 고려한 것이다. 또한 앞서 밝힌 것처럼 이 분야가 활성화 되어 있지 않고 미디어중독의 측면에서 접근했기 때문에 다문화가정의 어머니들과 다문화가정의 상황을 풍부하게 경험하고 있는 다문화가정 방문 지도사들의 인터뷰를 진행하였다. 하지만 향후에 다문화가정 청소년의 특수한 미디어교육적 맥락을 확인하기 위해서는 이 교육과정을 다년간 경험한 전문가가 참여한 연구가 진행되어야 할 것이다. 또한 인터뷰시 청소년에게 미칠 수 있는 부정적인 영향을 최소화하기 위해 훈련된 상담 전문가를 포함시킨 상태에서 청소년에 대한 직접 인터뷰를 실시하는 과정이 필요할 것이다.

더불어 본 연구는 다문화가정청소년의 미디어중독을 위해 거시적 차원의 지원이 이루어져야 한다는 점을 확인하였다. 우선, 앞서 계속해서 주지한 바와 같이 미디어중독 예방을 위한 미디어교육은 다문화가정청소년의 '미디어 능력'을 향상시키기 위한 복합적인 교육으로 확장되어야 한다. 즉, 다문화가정 청소년의 특수적 맥락을 고려하여 "미디어를 비판적으로 이해하고 능동적으로 이용하며, 혁신적이고 창의적으로 구성·제작할 수 있는 능력"(강진숙, 2005, 60쪽) 고양을 위한 다차원적 교육이 이뤄져야 하는 것이다. 미디어 능력 교육은 행위 지향적 미디어교육 방법을 제시하면서 인간의 사회화 기관인 미디어로서의 제 역할을 충실히 이행할 수 있는 가능성을 제시한다. 그리고 이를 통해 다문화가정 청소년들은 개인의 사회적 행위 능력을 고취시킬 수 있다(강진숙, 2005). 이러한 교육을 진행해 나가기 위해서는 정부와 교육 현장 간의 적극적인 소통이 바탕이 되어야 한다. 우선, 이들을 실질적으로 지원할 수 있는 가장 큰 주체는 정부기관으로서 적극적인 예산적, 정책적 지원이 가장 시급한 문제로 대두된다. 현재 많은 시민영상미디어 단체들은 예산부족으로 인한 어려움을 겪고 있다. 이는 단순히 미디어교육이 중단되는 상황이 아니라 다문화가정 청소년들의 교육의 기회를 박탈하는 것이다. 따라서 다문화가정 청소년 미디어교육이 원활하게 진행될 수 있도록 하는 정부의 지원은 상당히 중요하다.

한편, 현재 학교와 시민단체 차원에서 미디어교육이 이루어지고 있으나 관주도적인 경향과 이벤트성을 띠고 있을 뿐 아니라 다문화미디어교육에 대한 개념 정립도 제대로 이뤄지지 않고 있다는 비판이 있다. 이러한 상황에서 다문화가정 청소년의 미디어중독 예방을 위한 미디어교육의 진행은 시기상조라 지적될 수 있다. 그러나 앞서 연구결과에서 논의한 바와 같이 다문화가정 청소년들의 미디어중독은 개인의 정서적 차원과 가족, 사회적 차원의 원인들이 융합되어 나타난 결과이다. 즉, 다문화가정 청소년들의 미디어중독 예방을 위한 교육은 특수교육이 아니라 다문화와 미디어에 대한 올바른 이해와 더불어 능동적 이용과 제작 차원의 교육이 총체적으로 진행되어야 하는 미디어 능력 고양을 위한 교육이다. 따라서 시민단체와 학교의 미디어교육 프로그램에 대한 전반적인 재정립과 학계와 교육기관과의 상호교류를 통한 커리큘럼의 개발 역시 시급하게 진행되어야 한다.

이러한 과정들은 다문화가정 청소년의 미디어중독을 예방하기 위한 교육과정을 발전시키기 위해 필요한 노력이며, 본 연구가 그 초석이 될 수 있을 것이다. 무엇보다 다문화청소년 한명, 다문화가정 하나가 아니라 사회적 맥락 속에서 이들이 처한 상황을 다각도로 조명했다는 점에서 많은 후속연구들이 진행될 수 있을 것으로 본다.

다문화라는 쟁점은 이제 한국사회에서 어떤 식으로든 더 큰 자리를 차지하게 될 것이다. 따라서 다문화를 어떻게 규정하고 받아들일 것인가라는 논의를 넘어, 다문화가정의 구성원들이 겪고 있는 문제는 무엇이며 어떻게 해결할 것인가의 문제로 넘어가게 될 것이다. 미디어중독은 이 문제점 중 하나가 되고 있으며, 이를 해결하는 것은 이들의 문제를 해결하는 것임과 동시에 한국사회의 문제점을 해결할 수 있는 방안이 될 것이다.

♣ 참고문헌

1. 국내 문헌

강진숙 외(2011). 『청소년 TV 휘어잡기』, 한국방송통신전파진흥원.

강진숙(2005). 미디어 능력의 개념과 촉진 사례 연구: 독일 연방 프로젝트 "학교를 네트워크로(Schulen ans Netz)"를 중심으로. 『한국언론학보』, 49권 3호, 52~79.

강진숙(2007). 미디어 능력 제고를 위한 미디어교육의 과제와 문제점 인식 사례 연구. 『한국언론학보』, 51권 1호, 91~113.

강진숙(2008). 한국 비판언론학의 질적 연구방법 적용사례 연구. 『한국언론정보학회』, 43호, 81~113.

강진숙(2009). 다문화미디어교육의 개념화를 위한 전제들. 한국언론학회 봄철정기학술대회 발표문.

강진숙(2011). 미디어중독의 담론지형과 쟁점 연구: 학술논문 주제와 방법에 대한 메타분석을 중심으로. 『한국방송학보』, 25권 4호, 7~38.

강진숙·배민영(2010). '소수자-되기'를 위한 노인 미디어교육 연구: 노인 미디어교육 교수자 및 학습자의 심층인터뷰를 중심으로. 『교육문화연구』, 16권 1호, 255~280.

강진숙·최경진·장성준(2011). 청소년의 TV중독 예방을 위한 미디어교육 방안 연구 : 미디어중독 전문가 및 교사와의 FGI를 중심으로. 『언론과학연구』, 11권 4호, 35~67.

강희양·박창호(2011). 스마트폰 중독 척도의 개발 및 타당화. 한국심리학회, 『연차학술발표대회』, 205.

고영삼(2009). 통합 심포지움: 인터넷게임: 약인가, 독인가?: 인터넷게임중독의 예방과 치료. 연차학술발표대회 발표집.

구견서(2003). 다문화주의의 이론적 체계, 『현상과 인식』, 27권 3호, 29~53.

구수연(2010). 다문화 현장이 갖는 딜레마. 『다문화콘텐츠연구』, 3호, 65~92.

권순희(2007). 다문화가정 자녀의 상담 지도 사례. 『국어교육학연구』, 29권, 127~174.

권오희(2010). 외국인범죄에 대한 경찰의 국제역량 강화와 범죄수사 효율화방안에 관한 연구. 『한국유럽행정학보』, 7권 1호, 149~174.

김교정·정규석(2008). 다문화청소년 성장환경에 대한 탐색적 연구. 『한국콘텐츠학회논문지』, 8권 11호, 273~285.

김기태(2011). 다문화 미디어교육 사례 평가 및 제언. 한국언론학회 학술대회 발표논문집.

김미라(2005). 문화다원주의와 인정윤리학. 『범한철학』, 36호, 211~233.

김비환(1996). 포스트모던 시대에 있어 합리성, 다문화주의 그리고 정치, 『사회과학』, 35권 1호, 205~236.

김비환(2007). 한국사회의 문화적 다양화와 사회통합: 다문화주의의 한국적 변용과 시민권 문제. 『법철학 연구』, 10권 2호, 317~348.

김선미·김영순(2008). 『다문화교육의 이해』. 서울: 한국문화사.

김성곤(2002). 다문화주의와 인문학 교육의 미래. 『철학과 현실』, 52호, 39~51.

김세은·김수아(2008). 다문화사회와 미디어 재현―외국인 노동자 보도 분석. 『다문화사회연구』, 1권 1호, 39~73.

김수연(2011). 다문화가정의 사회적응 실태분석과 정부정책지원 방안: 국제결혼 이주여성을 중심으로. 경기대학교 대학원 박사학위논문.

김양은·박상호(2007a). 온라인게임이 게이머의 플로우 경험 및 충성도에 미치는 영향에 관한 연구. 『한국방송학보』, 21권 2호, 179~208.

김양은·박상호(2007b). 온라인게임이 게임 몰입 및 중독에 미치는 영향에 관한 연구. 『한국언론학보』, 51권 1호, 355~377.

김영란(2007). 이주여성노동자의 사회문화적 적응에 관한 경험적 연구. 『아시아여성연구』, 46권 1호, 43~95.

김영순·윤희진(2010). 다문화시민성을 위한 스토리텔링 활용 문화교육방안. 『언어와 문화』, 6권 1호, 27~46.

김영옥(2007). 새로운 '시민들'의 등장과 다문화주의 논의. 『아시아여성연구』 46권 2호, 129~160.

김영찬(2006). 이주노동자 미디어의 문화정치적 함의. 『방송문화연구』, 18권 1호, 37~59.

김예란·유단비·김지윤(2007). 인종, 젠더, 계급의 다문화적 역학: TV '다문화적 드라마'의 초국적 사랑 내러티브와 자본주의 담론을 중심으로. 『언론과 사회』, 17권 1호, 3~41.

김용찬(2001). 각국의 국내 민족 정책: 프랑스의 외국인 정책. 『민족연구』, 6호, 53~58.

김이선(2007). 제자리를 찾아야 할 여성결혼이민자정책. 『젠더리뷰』 봄호, 22~31.

김재엽·이지현·윤여원(2011). 청소년의 가정폭력 노출 경험이 인터넷게임중독에 미치는 영향: 부모애착의 매개 효과. 『한국사회복지학』, 63권 4호. 59~82.

김형인(2007). 미국의 다문화주의 방향: 세계화와 9.11 여파. 『국제지역연구』, 11권 2호, 175~202.

김홍진(2007). 이주노동자들의 공동체. 『문화과학』, 52권, 193~206.

류운석(2010). 다문화가정 학생 적응지원을 위한 학급경영 전략. 『한국교육논단』, 9권 1호, 165~184.

문경희(2006). 국제결혼 이주여성을 계기로 살펴보는 다문화주의와 한국의 다문화현상. 『21세기정치학회보』 16권 3호, 67~93.

문혜성(2004). 『미디어교육학』. 서울: 한국방송영상산업진흥원.

박경태(2005). 이주노동자를 보는 시각과 이주노동자 운동의 성격. 『경제와 사회』, 67권, 88~112.

박경태(2008). 『소수자와 한국사회 이주자·화교·혼혈인』, 후마니타스.

박이문(2002). 『문화 다원주의』. 서울: 철학과 현실.

서동욱(2007). 부정성을 넘어 차이로: 하이데거와 들뢰즈의 경우. 『철학과 현상학 연구』, 34호, 143~161.

설동훈(2000). 『노동력의 국제이동』. 서울: 서울대학교 출판부.

안정임·전경란·김양은(2009). 『다문화와 미디어교육』. 한국전파진흥원.

양문승·윤경희(2010). 이명박 정부의 다문화가정 정책 추진: 경찰활동 관점에서의 평가. 『한국공안행정학회보』, 41호, 239~269.

양영자(2008). 한국 다문화교육의 개념 정립과 교육과정 개발 방향 탐색. 이화여자대학교 대학원 박사학위논문.

엄한진(2007). 세계화시대 이민과 한국적 다문화사회의 과제, 한국적 다문화주의의 이론화, 한국사회학회 학술대회 발표집.

여중철(2010). 다문화가족의 형성과 문화적 적응.『민족문화논총』, 44호, 351~388.

오경석 외(2007). 한국에서의 다문화주의. 서울: 한울아카데미. 유네스코 아시아·태평양 국제이해교육원(2007).『다문화사회의 이해』. 서울: 동녘.

온대원(2010). 영국의 이민정책과 사회통합.『EU연구』, 26호, 239~267.

우형진(2007a). 휴대폰 이용자의 자아성향이 휴대폰 중독 구성요인에 미치는 영향에 관한 연구.『한국방송학보』, 21권 2호, 391~427.

우형진(2007b). 미디어 이용자의 자아 안정성, 성향적 미디어 이용동기, 플로우 그리고 중독에 관한 연구.『한국방송학보』, 21권 4호, 101~140.

유은희(2009). 인터넷 중독 유형에 따른 청소년의 온-오프라인 친구관계: 게임, 채팅, 음란물을 중심으로.『한국청소년연구』, 53호, 5~29.

윤수종(2008). 소수자와 교육.『진보평론』, 42호, 141~162.

윤영태(2009). 미디어중독에 대한 미디어교육학적 접근.『언론학연구』, 13권 1호, 45~67.

윤인진 (2007). 국가주도 다문화주의와 시민주도 다문화주의, 한국적 다문화 주의의 이론화, 한국사회학회 학술대회 발표집.

윤인진 (2008). 한국적 다문화주의의 전개와 특성: 국가와 시민사회의 관계를 중심으로.『한국사회학』, 42권 2호, 72~103.

윤인진(2004).『코리안디아스포라—재외한인의 이주, 적응, 정체성』. 서울: 고려대학교 출판부.

이선영(2010). 초등학교 저학년에서의 다문화교육: 다문화교육을 통한 공동체 의식 함양.『국제이해교육연구』, 5권 2호, 78~100.

이영주(2009). 다문화가족 청소년의 심리사회적 적응에 영향을 미치는 위험요인에 관한 연구.『한국가족복지학』, 14권, 2호, 103~119.

이용승(2003). AUSTRALIA 백호주의를 넘어서. 『민족연구』, 11호, 27~38.

이용승(2010). 한국의 다문화의식: 다문화주의의 이론적 검토와 정당화. 『민족연구』, 41호, 18~52.

이정춘(2004). 『미디어교육론』. 파주: 집문당.

이종열(2008). 다문화정책과 민주주의: 미국 사례. 한국행정학회 학술대회 발표논문집.

이종우(2008). 한국 화교의 현지화에 관한 연구: 부산 거주 화교를 중심으로. 동아대학교 박사학위논문.

이진경(1994). 『철학과 굴뚝청소부』. 서울: 그린비.

이현송(2006). 『미국 문화의 기초』, 파주: 한울.

이호준(2010). 다문화가정 한국인남편의 결혼적응 과정. 『아시아교육연구』, 11권 4호, 119~143.

이희은·유경한·안지현(2007). TV 광고에 나타난 전략적 다문화주의와 인종주의. 『한국언론정보학보』, 39호, 473~505.

인태정(2009). 다문화사회 지향을 위한 인종의 사회적 거리감과 문화적 다 양성 태도 연구. 『국제지역연구』,13권 2호, 339~369.

임지혜·최정화(2009). 미디어 이용실태와 문화적응에 관한 연구: 국내 중국인 유학생을 중심으로. 『교육문화연구』, 15권 2호, 183~206.

장미영(2009). 다문화가정 아동을 위한 언어치료 학습교재 개발 방안. 『국어문학』, 46호, 209~234.

장복희(2001). 국제법상 소수자의 보호: 한국 화교 문제를 중심으로. 『국제인권법』, 4호, 31~58.

장혜진·채규만(2006). 기술중독에 빠진 청소년들의 심리적 특성에 관한 연 구: 휴대폰 사용 중독을 중심으로. 『한국심리학회지 건강』, 11권 4호, 839~852.

전경란(2011). 다문화미디어교육 교재개발 사례연구. 한국언론학회 학술대회 발표논문집.

전숙자 외(2009). 『다문화사회의 새로운 이해』, 서울: 도서출판 그린.

전영평(2007). 소수자의 정체성, 유형, 그리고 소수자 정책 연구 관점. 『정부학연구』, 13권 2호, 107~132.

조난심(2007). 한국 교육의 변화와 도덕·윤리과 교육의 방향. 『도덕윤리과 교육연구』, 25호, 1~22.

주정민(2006). 인터넷 의존유형과 인터넷 중독과의 관련성 연구. 『한국언론학보』, 50권 3호, 476~503.

최무현(2008). 다문화시대의 소수자정책 수단에 관한 연구. 『한국행정학보』, 42권 3호, 51~77.

한승준(2008). 동화주의모델 위기론과 다문화주의 대안론: 프랑스의 선택을 중심으로, 한국행정학회 학술대회 발표논문집 한국행정학 2008년도 하계 학술대회 발표집.

한주리·허경호(2004). 휴대전화 중독 척도 개발 및 타당성 검증. 한국방송학회 학술대회 발표집.

홍기원(2009). 한국 다문화정책의 문제점과 개선방향. 『한국공공관리학보』, 23권 3호, 169~189.

황하성·손승혜·최윤정(2011). 이용자 속성 및 기능적 특성에 따른 스마트폰 중독에 관한 탐색적 연구. 『한국방송학보』. 25권 2호, 277~313.

2. 보고서 및 기타자료

교육과학기술부(2010). 다문화가정 현황 발표 자료.

교육과학기술부(2010). 2010년 다문화가정 학생 교육 지원계획.

국가인권위원회(2008). 인권관점에서 다문화교육 실태분석 및 개선방안연구.

국가인권위원회(2010). 이주아동의 교육권 실태조사.

박혜미(2008). 이주, 다문화, 미디어교육, 미디액트 미디어교육자료.

보건복지부(2005). 국제결혼 이주여성 실태조사 및 보건·복지 지원정책방안.

보건복지부(2008). 다문화가족지원법 시행령 및 같은 법 시행규칙 제정안 입법자료.

보건복지부 외(2009). 한국생활가이드북.

신만섭(2012). 정치적 관점에서 본 한국 다문화현상의 문제점. 중앙대학교 다문화콘텐츠연구사업단 2012 전국학술대회 발표집.

여성가족부(2010). 정책가이드 다문화가족 지원. [On-line] http://ww w.mogef.go.kr/korea/view/policyGuide/policyGuide06_04_02. jsp

외국인정책위원회(2006). 외국인 정책 기본 방향 및 추진체계, 기본원칙.

양계민 외(2009). 미래 한국사회 다문화역량강화를 위한 아동·청소년 중장기 정책방안연구 I : 다문화가족 청소년의 역량개발을 중심으로. 한국청소년정책연구원 연구보고 09-R14.

양계민 외(2010). 다문화가족아동·청소년 발달과정 추적을 위한 종단 연구 I. 한국 청소년정책연구원 연구보고 10-R12.

정보통신정책연구원(2009). 한국 인터넷 문화의 특성과 발전방안 연구총괄 보고서.

조동환(2012). 한국정부의 다문화정책과 민족말살. 한국의 반다문화주의 현황과 전망. 중앙대학교 다문화콘텐츠연구사업단 2012 전국학술대회 발표집.

조석주·이상묵(2008). 지방자치단체의 결혼이민자 지원정책 개선방안. 한 국지방행정연구원 연구보고서.

최두진 외(2011). 2010년 정보문화 실태조사. 한국정보화진흥원

한국교육과정평가원(2007). 다문화 교육을 위한 교수 학습 지원방안 연구.

한국여성개발원(2006). 여성 결혼이민자의 문화적 갈등 경험과 소통 증진을 위한 정책 과제.

한국정보화진흥원(2010). 2010년 인터넷 중독 실태조사.

행정안전부(2009). 2009년 지방자치단체 외국인주민 현황조사 결과. 행정안전부, 자치행정과.

행정안전부(2011). 청소년 인터넷 중독률 성인의 두 배, 보도자료.

허경호 외(2008). 미디어중독에 관한 연구. 한국방송학회.

홍기원 외(2006). 다문화정책의 방향과 문화적 지원방안 연구. 한국문화관광 정책연구원.

행정안전부(2011). 2010년도 인터넷 중독 실태조사

3. 기사 및 인터넷 자료

김효정(2011.3.3). 인터넷 중독, 저소득·소외계층일수록 심해. 아시아투데이, [On-line] available: http://www.asiatoday.co.kr/news/view.asp?seq =455348

김혜림(2011.12.8). 신혼 가정 중 10%가 국제결혼. 국민일보 [On-line], vailable:http://news.kukinews.com/article/view.asp?page=1&gCode=kmi&arcid=0005632656&cp=nv

박병일(2012.1.3). 게임중독, 청소년 57만여 명, 취약계층 위험. SBSTV.

최민영(2011.8.15). 노르웨이 테러범, 현장검증서 태연히 범행 재연. 경향신문[On-line], available:http://news,khan.co.kr/kh_news/khan_art_view.html?artid =201108152 126295&code=100100

박진영·한상혁(2012). [게임, 또 다른 마약] 다문화청소년, 게임중독률 3배. "난 게임에서만 한국인". 조선일보[On-line] http://news.chosun.com/site/data/html_dir/2012/02/07/2012020700135.html

한동훈(2012.1.26). [파워 시프트] 〈2부〉 위협받는 문화공존. 서울경제 [On-line]available:http://economy.hankooki.com/lpage/worldecono/201201/e2012012616542169760.htm

황윤주(2012.2.23). 청소년 스마트폰으로 유해물 접촉 64% 증가. 이투데이 [On-line]available:http://www.etoday.co.kr/news/section/newsview.php?TM=news&SM=2203&idxno=548898

여성가족부 http://www.mogef.go.kr

유네스코한국위원회 홈페이지 www.unesco.or.kr

UN 인터넷 자료

http://ko.wikisource.org/wiki/%EA%B5%AD%EC%A0%9C%EC%97%B0%E D%9

UNESCO 문화적 다양성 선언문 인터넷 자료.

http://terms.naver.com/entry.nhn?docId=70964

4. 외국 문헌

Abramson, H.(1980). Assimilation and Pluralism in S. Thernstrom (ed.), Harvard Encyclopedia of American Ethic Groups, Harvard University Press.

Appadurai, A.(1996). Modernity at large: Cultural dimentions of globalization. Minneapolis:University of Minnesota.

August, D., & Shanahan, T. (Eds.)(2006). Developing literacy in second-language learners: A report of the National Literacy Panel on Language-Minority Children and Youth. Mahwah, NJ: Lawrence Erlbaum Associates.

Bacon, D.(2006). Communities without borders: Images and voices from the world of migration. Ithaca: Cornell University Press.

Bandy, J. & Smith, J.(2005). Coalitions across borders: Transnational protest and the Neoliberal order. Lanharm: Rowman & Littlefield Publishers.

Banks, A.(2001). An Introduction to Multicultural education(3rd ed.). MA: Allyn and Bacon.

Banks, A.(2007). An Introduction to Multicultural education(4th ed.). 모경환 역(2008). 『다문화교육 입문』. 서울: 아카데미 프레스.

Berry, J. W.(2005). Acculturation. In W. Friedlmeier, P. Chakkarath, & B. Schwarz (Eds.) Culture and Human Development: The Importance of Cross-Cultural Research for Social Sciences. 291~302, NY: Psychology Press.

Bhabha, H.(1993). Location of culture. London: Routledge 나병철 역 (2002). 『문화의 위치』. 서울: 소명출판.

Buchanan, C. M., Eccles, J., & Becker, J.(1992). Are adolescents the victims of raging hormones? Evidence for activational effects of hormones on moods and behavior at adolescence. Psychological Bulletin, 3, 62~107.

Caldwell, C. H., Zimmerman, M. A., Bernat, D. H., Sellers, R. M., & Notaro, P. C.(2002). Racial identity, maternal support, and psychological distress among African American adolescents. Child Development, 73, 1322~1336.

Castles, S & Miller, M. J.(1998). The age of migration: International population movements in the modern world. New York: The Guilford Press.

Castles, S. & Alastair, D.(2000). Citizenship and Migration: Globalization and the Politics of Belonging. New York: Routledge.

Creswell, J. W.(1998). Qualitative Inquiry and Research Design : Choosing among five traditions. 조흥식·정선욱·김진숙·권지성 역 (2005). 『질적연구 방법론: 다섯 가지 접근』. 서울 : 학지사.

Deleuze, G & Guattari, F.(1980). Mille plateaux: Capitalisme etschizophrénie. 김재인 역(2001). 『천개의 고원』. 서울:새물결.

Delueze, G.(1968). Différence et répétition. Paris: Press universitaires de france. 김성환 역(2004). 『차이와 반복』. 서울: 민음사.

DuBois, D. L., & Hirsch, B. J.(1990). School and neighborhood friendship patterns of blacks and whites in early adolescence. Child Development, 61, 524~536.

Fan, X., & Chen, M.(2001). Parental involvement and students' academic achievement: A meta-analysis. Educational Psychology Review, 13, 1~22.

Glazer, N(1997). We are all multiculturalists now. Boston: Havard university press. 서종남·최현미 역(2009). 『우리는 이제 모두 다문 화인이다』. 서울: 미래를 소유한 사람들.

Gordon, M.(1964). Assimilation in American Life. NY: Oxford University Press.

Guattari, F.(1977). La revolution moleculaire, Recherches. 윤수종 역(1998) 역. 『분자혁명』. 서울: 푸른숲.

Kleiber, P. B. (2003). Focus Groups : More than a Method of Qualitative Inquiry. IndeMarrais K., & Lapan, S. D. (Eds),

Foundations for Research: Methods of Inquiry in Education and the Social Sciences(pp.87~102). New Jersey: Lawrence Erlbaum Associate Publishers.

Kymlicka, W.(1995). Multicultural Citizenship. Clarendon: Oxford.

Kymlicka, W.(2001). Politics in the Vernacular: Nationalism, Multiculturalism and Citizenship. Oxford; New York: Oxford University Press.

Kymlicka, W.(2002). Contemporary political philosophy. 장동진 외 역(2006). 『현대 정치철학의 이해』. 파주: 동명사.

Kymlicka, W.(2010). Multicultural Citizenship: A Liberal Theory of Minority Rights. Oxford: Clarendon Press. 장동진 외 역(2010). 『다문화주의 시민권』. 파주: 동명사.

Levitt, M., Lane, J., & Levitt, J.(2005). Immigration stress, social support, and adjustment in the first postmigration year: An intergenerational analysis. Research in Human Development, 2, 159~177.

Lin, K, M., Masuda, M. & Tazuma, L.(1982). Adaptional problems of Vietnamese refugees. Part III. Case studies in clinic and field: Adaptive ang maladaptive. The psychiatric Journal of University of Ottawa, 7: 173~183.

Marger, M.(1994), Race and Ethnic Relations: American and Global Perspectives, Belmont. CA: Wadworth Publishing.

Martiniello, M.(1997), Sortir des ghettos culturels. Paris: Presses de sciences po. 윤진 역(2002). 『현대사회와 다문화주의. 다르게, 평 등하게 살기』. 서울: 한울.

Park, Robert, E. and Burgess, E.(1969). Introduction to the Science of Sociology(1921, Reprint).University of Chicago.

Qin, D., Way, N., & Mukherjee, P.(2008). The other side of the model minority story: The familial and peer challenges faced by Chinese American adolescents. Youth and Society, 39, 480~506.

Sassen, S.(1999). Guests and Aliens. NY: New press.

Smith, M. & Luis, G.(1998). Transnationalism from Below. Edison, NJ: Transaction Publishers.

Taylor, C(1994). The politics of recognition. In multiculturalism: Examing the politics of recognition, introduced and edited by Amy Gurtman. N.J:Princeton university press

Troper, H.(1999). Multiculturalism. in Paul Robert Magocsci(ed.). Encyclopedia of Canada' People. Toronto: University of Toronto Press.

Vargas, L.(2006). Transnational media literancy: Analytic reflections on a program with Latina teens. Hispanic Journal of Behavioral Sciences, 28(2), 267~285.

Wimmer, R. D., & Dominick, J. R. (1994). Mass media research. 유재천·김동규 역(1995). 『매스미디어 조사방법론』. 서울: 나남.

Žižek, S(1999). The ticklish subject. London: Verso. 이성민 역 (2005). 『까다로운 주체』. 서울: 도서출판 b.

■ 저자 최 연

중국 하얼빈공업대학교 정밀기계과 학사
중국 하얼빈공업대학교 경영학 석사
한국 중앙대학교 신문방송학과 언론학 박사
현재 이화여자대학교 통번역대학원 겸임교수
　　도서출판 에이전시 대표, (사)한국출판학회 이사, 번역작가

주요 번역 작품으로 MBC창사50주년 특별기획 창작뮤지컬 〈원효〉, 논 버벌 퍼포먼스(Non-verbal performance) 〈대장금〉 등 영상물 한중번역, 아리랑 국제방송, 한국문학번역원의 의뢰로 다수의 영상물 한중번역을 진행하였다.
2010~2011년 한국콘텐츠진흥원의 해외수출프로젝트 완성작 평가위원으로 위촉되었으며, 2011년에는 한국방송통신 전파진흥원의 다국어교재 프로젝트 참여, 한중번역서 『청소년 TV휘어잡기』(교사용과 학습자용 2권)를 완성하였다.

다문화가정 청소년의 미디어중독과 미디어교육

▶
초판1쇄 │ 2013년 10월 17일
초판2쇄 │ 2018년 9월 10일
지 은 이 │ 최　　연
펴 낸 이 │ 권 호 순
펴 낸 곳 │ 시간의물레

▶
등　　록 │ 2002년 12월 9일
등록번호 │ 제1-3148호
주　　소 │ 서울시 마포구 마포대로 4다길 3
전　　화 │ (02)3273-3867
팩　　스 │ (02)3273-3868
전자우편 │ timeofr@naver.com

▶ ISBN 978-89-6511-074-3 (93330)
　정가 12,000원